W0178907

Der kleine Major Tom

Der kleine Major Tom, seine beste Freundin Stella und die Roboterkatze Plutinchen leben auf der Raumstation Space Camp 1. Nachdem Toms Vater die Raumstation für einen Einsatz auf dem Mars verlassen musste, sind die drei auf sich alleine gestellt. Doch auch ohne Eltern forschen sie begeistert weiter und meistern den Alltag im All.

STELLA

… ist die beste Freundin vom kleinen Major Tom. Sie ist Expertin in Geschichte und liebt Computerspiele. Bei jeder Mission hilft sie ihren Freunden, wo sie nur kann.

TOM

… liebt das All und ganz besonders den blauen Planeten Erde. Er ist immer zur Stelle, wenn Not am Mann ist, und tut alles für Stella und Plutinchen.

PLUTINCHEN

… ist eine schlaue Roboterkatze und ständige Begleiterin vom kleinen Major Tom und Stella. Wenn es brenzlig wird, hat sie immer gute Ideen.

Von mir bekommst du auf vielen Seiten interessante Zusatzinformationen!

© 2020 TESSLOFF VERLAG
Burgschmietstraße 2-4, 90419 Nürnberg
Alle Rechte vorbehalten
Text: Dr. Bernd Flessner
Cover- und Innenillustrationen: Stefan Lohr
Idee/Mitwirkung: Peter Schilling
Lizenz: MajorTon Entertainment KG
Major Tom und Völlig losgelöst sind Marken der MajorTon Entertainment KG
Grafische Gestaltung/Cover: Martina Green, Uwe Herrlen, Stefan Lohr
Grafische Gestaltung/Innenteil: Martina Green, Birgit Scheuerlein
Bildredaktion: Christine Schmidt-Rudloff
Lektorat: Anja Kunze
Projektleitung: Silke Neubert

http://www.tessloff.com

ISBN 978-3-7886-4114-6

Die Verbreitung dieses Buchs oder von Teilen daraus durch Film, Funk oder Fernsehen, der
Nachdruck, die fotomechanische Wiedergabe sowie die
Einspeicherung in elektronische Systeme sind nur mit Genehmigung
des Tessloff Verlags gestattet.

Dr. Bernd Flessner

Der kleine Major Tom

Space School

Künstliche Intelligenz

Mit Illustrationen von Stefan Lohr

Der kleine Major Tom entstand nach einer Idee und unter Mitwirkung von Peter Schilling.

TESSLOFF

INHALT

Lass uns loslegen!

   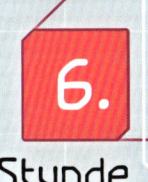 

Wie alle Kinder müssen auch der kleine Major Tom und Stella zur Schule gehen. Da sie jedoch auf der Raumstation Space Camp 1 leben, ist ein täglicher Flug zu einer Schule auf der Erde natürlich nicht möglich. Daher werden sie in ihrem Schulmodul unterrichtet. Hier haben sie genügend Platz, einen großen Monitor und können sogar verschiedene Experimente durchführen. Lehrerinnen und Lehrer haben sie natürlich auch. Da diese allerdings nicht jeden Tag zur Raumstation fliegen können, unterrichten sie von der Bodenstation aus. Tom und Stella sehen sie dann auf dem großen Monitor. Dieses Lernen über die Entfernung nennt sich übrigens Tele-Learning. Es wird auch eingesetzt, wenn Astronauten mehrere Monate im All sind, um ihre Kenntnisse aus dem Training immer wiederaufzufrischen. Eine „Lehrerin" ist allerdings doch höchstpersönlich an Bord, nämlich die Roboterkatze Plutinchen. Sie verfügt über künstliche Intelligenz und hilft den Lehrern und den beiden Schülern. Selbstverständlich nutzen Stella und Tom modernste Technik. Sie können im Internet nach Informationen suchen und sogar mit Forschern sprechen. Und mit ihrem Space Racer können sie zur Erde und zum Mond fliegen, um sie zu erforschen. Aber das ist nicht der einzige Unterschied zum Unterricht in einer normalen Schule. Denn Stella und Tom müssen neben den bekannten Fächern wie Rechnen, Erdkunde, Englisch oder Physik auch Themen behandeln, die mit ihrer Aufgabe als Forscher zusammenhängen. Sie müssen

also mehr über den Weltraum und die Erde wissen als andere Kinder.

Im heutigen Unterricht geht es um ein Thema, das Tom und Stella eigentlich schon ganz gut kennen, nämlich künstliche Intelligenz, abgekürzt auch KI genannt. Das liegt nicht nur an Plutinchen, sondern auch anderen Robotern und Computerprogrammen, mit denen sie während ihrer Abenteuer im All zu tun haben. Künstliche Intelligenz hilft ihnen, ihr Raumschiff zu steuern und den richtigen Kurs zu bestimmen. Sie überwacht viele Funktionen ihrer Raumstation. Grund genug, etwas mehr über sie zu wissen.

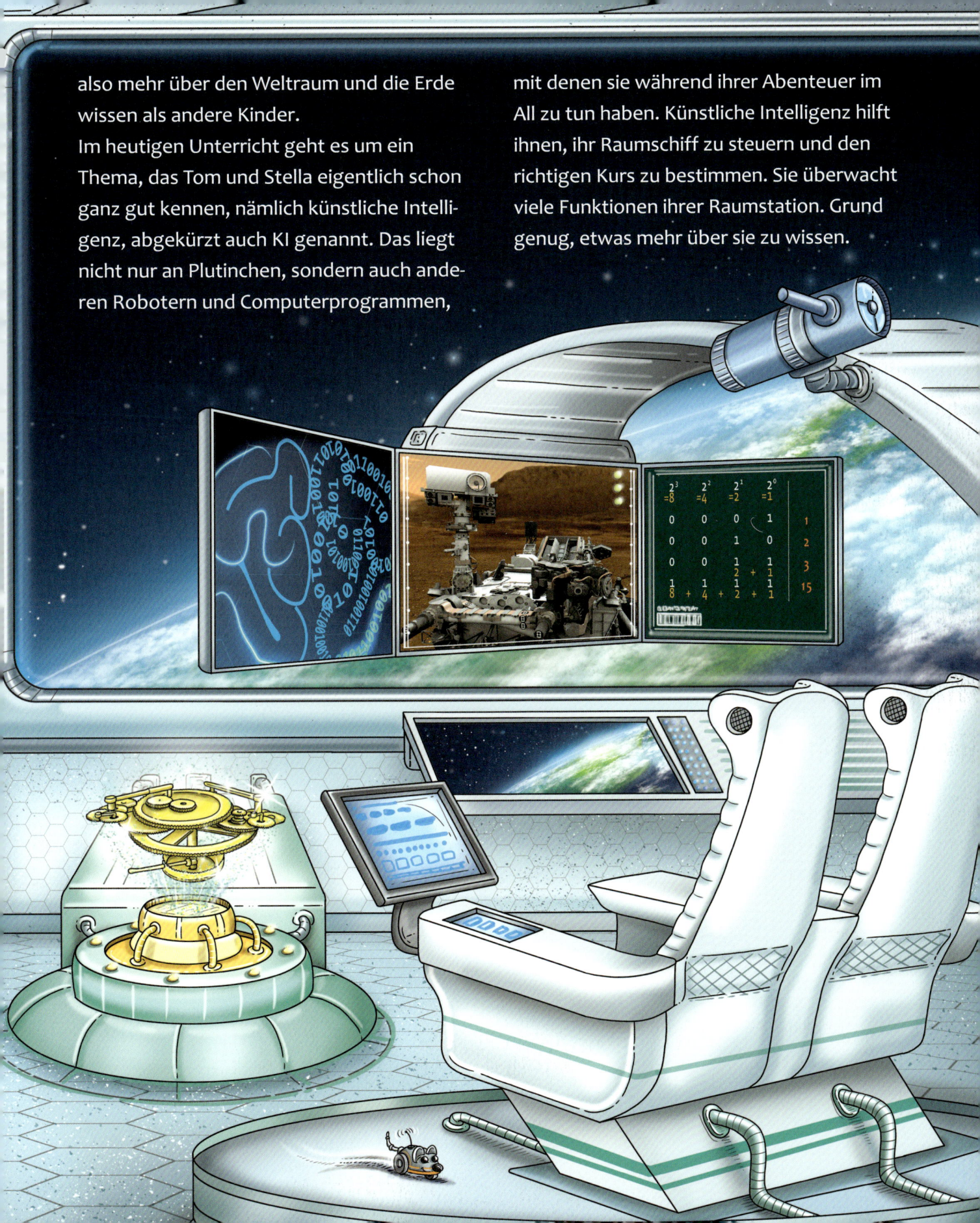

Künstliche Helfer

○ Kann man Arbeit ohne Arbeiter erledigen?

> Die Menschen träumen schon lange von mechanischen Dienern.

Tom und Stella schnallten sich auf ihren Sitzen vor dem großen Monitor im Schulmodul an. Plutinchen stand mit ihren Haftfüßen fest auf der Bordwand. Der Unterricht konnte beginnen.

„Heute geht es um künstliche Intelligenz", begann der Lehrer auf dem Monitor. „Da habt ihr ja schon viel Erfahrung."

„Haben wir", bestätigte Stella. „Denn wir haben ja Plutinchen. Sie ist ein Roboter mit künstlicher Intelligenz. Sie ist zwar eine Maschine, kann aber denken. Nicht so wie wir natürlich, aber etwas schon."

„Ja, das stimmt", nickte der Lehrer zustimmend. „Aber dazu kommen wir später. Erst mal wollen wir klären, wie alles angefangen hat."

„Mit der Erfindung des Computers", schlug Tom vor.

„Mit der Entwicklung der ersten Roboter", meinte Stella.

„Keine schlechten Antworten", freute sich der Lehrer. „Aber die Geschichte beginnt viel früher."

„Wahrscheinlich wieder bei den alten Griechen", vermutete Tom grinsend. „Das ist ja fast immer so."

„Ganz genau", bestätigte der Lehrer. „Die Griechen haben viele Arbeiten durch Sklaven erledigen lassen und darüber nachgedacht, ob es auch andere Möglichkeiten gibt. Einen sehr interessanten Vorschlag machte der Philosoph Aristoteles, der von 384 bis 322 vor Christus lebte."

Plutinchen-Wissen!

In seinem berühmten Werk über die Politik schreibt Aristoteles: „Denn wenn es möglich wäre, dass jedes Werkzeug auf Geheiß oder vorbewusst sein Werk vollbringen könnte, wie angeblich die Statuen des Dädalus oder die Dreifüße des Hephaistos, und wenn so auch das Weberschiff von selbst webte und die Zither von selbst spielte, so bedürften weder die Künstler der Gehilfen, noch die Herren der Sklaven.

„Das ist nicht leicht zu verstehen", gab Tom zu bedenken. „Was sind die Statuen des Dädalus?"

„Dädalus ist eine Sagengestalt, ein berühmter Erfinder, der belebte Statuen gebaut haben soll", erklärte der Lehrer. „Also Statuen von Menschen, die sich bewegen konnten. Nichts anderes gilt für die Dreifüße des Hephaistos, dem griechischen Gott der Schmiedekunst."

„Roboter!", rief Stella. „Die Statuen und die Dreifüße sind Roboter!"

„Nur gab es damals diesen Namen noch nicht", sagte der Lehrer. „Aber du hast Recht. Eigentlich sind mit diesen künstlichen und mechanischen Menschen eine Art Roboter gemeint. Die Idee von Aristoteles ist also ganz einfach:"

> ❞ ... wenn so auch das Weber-schiff von selbst webte und die Zither von selbst spielte, so bedürften weder die Künstler der Gehilfen, noch die Herren der Sklaven. ❞

DREIFÜSSE DES HEPHAISTOS

1 Zylinderförmige Sanduhr, gefüllt mit Hirse

2 Bleigewicht in der Sanduhr

3 Zwei Seile zur Verbindung

4 Schiebschalter zur Auslösung der Bewegung

Aristoteles war ein kritischer Denker und er ließ nur das gelten, was sich durch Belege oder Erfahrung beweisen ließ.

So könnten die Dreifüße des Hephaistos ausgesehen haben. Wenn der Schalter betätigt wurde, leerte sich die Sanduhr langsam. Das Bleigewicht senkte sich und zog die Seile der Antriebsachse, sodass sich die Räder drehten.

„Aristoteles wollte also, dass alle Arbeiten automatisch erledigt werden", schloss Stella.

Plutinchen-Wissen!

Das griechische Wort „automatos" bedeutet „von selbst geschehend". Ein Automat ist also eine Maschine, die selbsttätig eine Arbeit erledigt. Vorher muss man dem Automaten natürlich einen Auftrag erteilen, etwa durch das Drücken einer Taste, durch Berühren eines Displays oder mündlich mithilfe der Sprache.

„Dann haben schon die alten Griechen vor über 2 000 Jahren von Robotern geträumt?", staunte Tom.

„Und sie haben davon geträumt, Arbeiten zu automatisieren", stellte Stella fest. „Diese Ideen stammen also gar nicht aus unserer Zeit."

„Aber Roboter konnten die Menschen früher noch nicht bauen", wusste Tom.

„Das natürlich nicht", bestätigte der Lehrer. „Aber sie haben die ersten mechanischen Automaten gebaut. Leider sind im Laufe der Zeit fast alle Spuren von diesen Automaten verloren gegangen. Durch einen Zufall aber wurden 1900 in einem Schiffswrack vor der griechischen Insel Antikythera die Reste eines geheimnisvollen Mechanismus gefunden. Er wurde um 70 vor Christus gebaut und besteht aus 30 Zahnrädern aus Bronze, mehreren Achsen, Zeigern und Zifferblättern."

„Eine mechanische Uhr?", staunte Tom. „Vor mehr als 2 000 Jahren? Das kann doch nicht sein!"

„Und doch ist es so!", entgegnete der Lehrer. „Allerdings handelt es sich bei dem Mechanismus von Antikythera nicht um eine übliche Uhr, sondern um eine astronomische Uhr."

„Der Mechanismus von Antikythera zeigt daher auf seinen Zifferblättern Sonnenjahre, Monate, Planetenbewegungen, Sonnen- und Mondfinsternisse und andere astronomische Ereignisse an, und zwar über einen Zeitraum von 1 000 Jahren", ergänzte Plutinchen.

„Unglaublich!", staunte Stella. „Aber wozu haben die Griechen eine solche Uhr benötigt?"

„Das ist bis heute ungeklärt", sagte der Lehrer. „Er könnte dazu gedient haben, jungen Forschern die astronomischen Zusammenhänge zu erklären. Der Mechanismus könnte aber auch von reichen Griechen oder Römern genutzt worden sein, um bei Gästen Bewunderung hervorzurufen."

„Warum wurden diese Uhren nicht weiterentwickelt?", wollte Tom wissen.

GRIECHENLAND

ANTIKYTHERA

Ein Teil des
Mechanismus von
Antikythera.

Im Winter 1900/1901
wurde das Wrack von
Antikythera untersucht.

Das Wrack lag in
60 Meter Tiefe.

„Auch das wissen wir nicht", antwortete der
Lehrer. „Fest steht nur, dass das Wissen
irgendwann verloren gegangen ist. Erst Ende
des Mittelalters um 1300 wurden einfache
Turmuhren erfunden. Es dauerte lange,
bevor die Menschen an das Wissen der alten
Griechen anknüpfen konnten."

„Einige jüdische Gelehrte glaubten lange Zeit daran, einen künstlichen Menschen aus Lehm erschaffen zu können, nämlich den Golem", erklärte der Lehrer. „Vor mehr als 800 Jahren wurde zum ersten Mal davon berichtet. Einige Alchemisten wollten wiederum einen künstlichen Menschen in einem Reagenzglas herstellen. Sie nannten ihn Homunkulus, was Menschlein bedeutet. Es gab also viele Versuche, einen künstlichen Menschen zu erschaffen."

„Was sind Alchemisten?", fragte Stella.

Leonardo da Vinci wurde in der Nähe der Stadt Vinci in Italien geboren. Daher auch sein Name, denn „da Vinci" bedeutet „aus Vinci".

„Magier und Alchemisten haben also versucht, künstliche Menschen zu erschaffen", fasste Tom zusammen. „Aber das konnte ja gar nicht funktionieren. Es gibt keine Magie. Höchstens bei Harry Potter, also in der Fantasie, aber nicht in Wirklichkeit."

„Gab es nicht auch Gelehrte, die es ohne Magie versucht haben?", fragte Stella.

„Die gab es schon", erklärte der Lehrer. „Zum Beispiel Leonardo da Vinci. Er lebte von 1452 bis 1519."

„Das war doch ein italienischer Künstler", wusste Tom. „Er hat die Mona Lisa gemalt."

„Stimmt. Aber er war auch ein großer Erfinder", sagte der Lehrer.

Plutinchen-Wissen!

Alchemisten sind eine Mischung aus Forschern und Magiern, die es schon vor mehr als 2000 Jahren gab. Sie haben den Stein der Weisen gesucht, der unsterblich machen sollte. Auch wollten sie wertlose Metalle in Gold verwandeln. Oder eben einen Homunkulus erschaffen. Aus der Alchemie ist vor rund 300 Jahren allmählich die Chemie hervorgegangen, während die Magie an Bedeutung verloren hat.

HOMUNKULUS

Manche Alchemisten behaupteten, dass man einen Menschen aus verschiedenen Stoffen herstellen könne und dann wie hier in der Zeichnung in einem Glaskolben nur noch ausbrüten muss.

Eine technische Zeichnung von Leonardo da Vinci.

Ein Nachbau des mechanischen Ritters von Leonardo da Vinci.

Da Vinci schrieb viele seiner Notizen in Spiegelschrift.

Eine Skizze für das Fahrzeug von Leonardo da Vinci.

„Er hat Flugmaschinen entworfen und sogar ein selbstfahrendes Fahrzeug, also eine Art Auto. Eine andere Idee kam ihm 1495, nämlich ein mechanischer Ritter. Man könnte auch sagen, ein Ritter-Roboter. Er bestand aus Hebeln, Seilzügen und Rollen und sollte menschliche Ritter auf dem Schlachtfeld ersetzen. Ein König, der nicht genügend Ritter zur Verfügung hatte, hätte so eine große Armee aufstellen können."

„Sollte sich der Ritter ganz ohne magische Kräfte bewegen?", hakte Stella nach.

„Das sollte er", antwortete der Lehrer.

„Es war eine rein mechanische Konstruktion. Aber gebaut wurde er damals allerdings nicht. Das haben Forscher erst vor ein paar Jahren getan. Sie hat jedoch nicht funktioniert."

„Aber ich erkenne die Idee von Aristoteles wieder", meinte Stella. „Eine Maschine soll den Menschen die Arbeit abnehmen und sie entlasten."

„Ganz genau", nickte der Lehrer. „Leonardo da Vinci wollte die Ritterschlacht automatisieren."

„Aber Leonardo da Vinci war bestimmt nicht der einzige Erfinder oder Forscher, der mechanische Menschen bauen wollte", vermutete Tom.

„Du hast völlig recht", nickte der Lehrer. „Einige berühmte Uhrmacher und Ingenieure haben sich im 18. Jahrhundert darangemacht, mechanische Menschen zu bauen. Den Begriff ‚Roboter' gab es ja noch nicht und so haben sie ihre Schöpfungen Automaten genannt."

„Einer der besten Automaten stammt von dem französischen Automatenbauer Jacques de Vaucanson, der von 1709 bis 1782 lebte", erzählte der Lehrer. „Eigentlich wollte er Uhrmacher werden, machte dann aber eine Ausbildung zum Ingenieur. In seiner Werkstatt baute er 1737 einen mechanischen Flötenspieler, der zwölf Lieder spielen konnte. Gesteuert und bewegt wurde er von einer Stiftwalze,

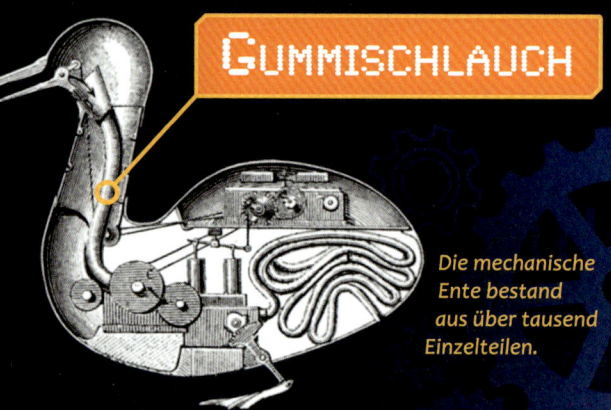

GUMMISCHLAUCH

Die mechanische Ente bestand aus über tausend Einzelteilen.

wie man sie auch in alten Spieluhren findet."

„Tiere hat er natürlich auch gebaut. Leider keine Katze. Berühmt war seine mechanische Ente, die laufen, mit den Flügeln schlagen und sogar fressen und verdauen konnte. Vaucanson kam es darauf an, einen Automaten möglichst naturgetreu erscheinen zu lassen. Er sollte kaum von seinem Vorbild zu unterscheiden sein", wusste Plutinchen.

Jacques de Vaucanson baute schon als Kind eine Uhr nach, nachdem er die Funktionsweise einer Standuhr eingehend studiert hatte.

JACQUES DE VAUCANSON

Diese Zeichnung zeigt Jacques de Vaucanson, wie er seinem erstaunten Diener den mechanischen Flötenspieler präsentiert.

Die Automaten und Uhren von Pierre Jaquet-Droz waren weltbekannt. Er reiste unter anderem nach Russland und China, um sie zu präsentieren.

PIERRE JAQUET-DROZ

„Ein anderer berühmter Automatenbauer war der Schweizer Uhrmacher Pierre Jaquet-Droz, der von 1721 bis 1790 lebte", fuhr der Lehrer fort. „Er betrieb eine bedeutende Uhrmacherwerkstatt, baute aber auch Automaten. Im Gegensatz zu jenen von de Vaucanson sind die Automaten von Jaquet-Droz bis heute erhalten geblieben und zu besichtigen."

„Wie haben denn die Menschen damals auf die Automaten reagiert?", fragte Stella. „Sie sind von weither angereist, um sie besichtigen zu können", antwortete der Lehrer. „Auch de Vaucanson ist gekommen und hat Jaquet-Droz sehr bewundert."

Plutinchen-Wissen!

Besonders berühmt wurde der Schreiber von Pierre Jaquet-Droz, eine etwa 70 Zentimeter hohe Figur. Er sitzt an einem kleinen Tisch und kann mit seiner Schreibfeder jeden Text schreiben, den man mithilfe einer drehbaren Scheibe und auswechselbaren Nocken programmiert. Bis zu 40 Zeichen sind möglich.

„Ein programmierbarer Schreiber", überlegte Tom. „Das erinnert mich stark an einen Computer."

„Stimmt genau", bestätigte der Lehrer. „Der Schreiber wird daher heute auch als Vorläufer des Computers angesehen, vor allem weil er programmierbar war."

Der Schreiber gehört zu einer Gruppe von drei Figuren – Schreiber, Zeichner und Musiker. Gegen ein Eintrittsgeld konnten die Automaten betrachtet werden.

FEDER

Die Figur ist etwa 70 Zentimeter hoch. Kopf, Augen und Arme sind beweglich. Der Schreiber kann jeden Text mit bis zu 40 Zeichen schreiben. Den Text gibt man auf einer Scheibe mit auswechselbaren Nocken ein.

Von der Rechenmaschine zum Roboter

○ Wann konnten Maschinen rechnen?

Unser Sonnensystem mit den acht Planeten, die die Sonne umkreisen.

Wilhelm Schickard beschäftigte sich neben seiner Lehrtätigkeit an der Universität Tübingen mit Astronomie – der Wissenschaft von den Gestirnen.

Die ersten Rechenmaschinen wurden per Hand betrieben.

die Astronomen saßen vor immer längeren und schwierigen Rechenaufgaben, um etwa Umlaufbahnen von Monden und Planeten genau zu berechnen. Einer von ihnen, Wilhelm Schickard, der von 1592 bis 1635 lebte, hatte es schließlich satt, selbst zu rechnen. Aus Zahnrädern und den damals üblichen Rechenstäbchen baute er 1623 die erste Rechenmaschine."

„Die Erfinder und Ingenieure haben den Maschinen also nach und nach verschiedene menschliche Eigenschaften beigebracht", fasste Tom zusammen. „Aber konnten sie auch rechnen? Unser Thema ist ja die künstliche Intelligenz. Da ist Rechnen sehr wichtig."

„Stimmt genau", lobte der Lehrer. „Kommen wir also zum Rechnen. Je weiter die Wissenschaft damals voranschritt, umso mehr musste gerechnet werden. Vor allem

Ein Nachbau der Rechenmaschine von Wilhelm Schickard. Die beiden Originale gingen bei einem Brand und in den Wirren des 30-jährigen Krieges verloren.

Plutinchen-Wissen!

Rechenstäbe waren Holz- oder Kartonstreifen, die mit Ziffern beschriftet waren. Legte man sie nach bestimmten Regeln auf ein gerahmtes Brett, konnte man auch große Zahlen schnell teilen oder malnehmen.

„Dank der Rechenmaschine von Wilhelm Schickard wurde das Rechnen jetzt noch einfacher", erklärte der Lehrer. „Auch der berühmte Astronom Johannes Kepler war begeistert von der Rechenmaschine."

„Bestimmt war er nicht der einzige Erfinder", vermutete Stella.

„Das war er auch nicht", fuhr der Lehrer fort. „Viel bekannter wurde nämlich die Pascaline, die Rechenmaschine des Franzosen Blaise Pascal, der von 1623 bis 1662 lebte. Er baute seine mechanische Rechenmaschine 1642, um seinem Vater, einem Steuerbeamten, die Arbeit zu erleichtern und auf keinen Fall darf man den Mathematiker und Gelehrten Gottfried Wilhelm Leibniz vergessen, der von 1646 bis 1716 lebte. Er baute 1673 eine sehr gut arbeitende Rechenmaschine. Dafür erfand er ein besonderes Bauteil, die Staffelwalze. Seine Maschine war gedacht, um Menschen zu entlasten."

> "
> Es ist unwürdig, die Zeit von hervorragenden Leuten mit knechtischen Rechenarbeiten zu verschwenden, weil bei Einsatz einer Maschine auch der Einfältigste die Ergebnisse sicher hinschreiben kann.
> "

Gottfried Wilhelm Leibniz löste gerne knifflige Probleme in vielen Bereichen – sei es in der Mathematik, Philosophie, Rechtswissenschaft.

Die Grundlage für Leibniz' Rechenmaschine war diese Zeichnung.

Die originale Rechenmaschine, die Gottfried Wilhelm Leibniz erfand und auch benutzte.

SPROSSENRAD

„Diese Begründung hätte Aristoteles gefallen", meinte Tom. „Die Rechenmaschine hat das Rechnen automatisiert."

„Außerdem hat sie es ermöglicht, dass auch Menschen Aufgaben lösen konnten, die nicht gut im Rechnen waren", ergänzte Stella. „Das war damals bestimmt ein großer Fortschritt."

„Ein großer Fortschritt schon", erklärte der Lehrer. „Aber vom Computer war man noch weit entfernt, auch wenn die Erfinder und Mathematiker auf dem richtigen Weg waren. Insbesondere Leibniz hatte eine geniale Idee. Er sah, dass eine Rechenmaschine für das Dezimalsystem, also das System mit Zahlen von 1 bis 10, eine sehr aufwendige Maschine ist. Doch welche andere Möglichkeit gab es? Brauchte man überhaupt zehn Zahlen?"

Plutinchen-Wissen!

Leibniz war ein sehr gläubiger Mensch. Für ihn war Gott alles und auch im gesamten Universum immer anwesend. Als Gegensatz zu Gott sah er das Nichts an. Aus diesem Gegensatz entwickelte er ein binäres System, das aus nur zwei Zahlen besteht. Nämlich aus der 1, die für Gott steht, und aus der 0, die für das Nichts steht. Dieses binäre System wird auch Dualsystem genannt.

„Orbital!", staunte Tom. „Das sind ja die beiden Zahlen, mit denen ein moderner Computer rechnet. 0 und 1. Das ist das binäre System."

„Ganz genau", bestätigte der Lehrer. „Nur stehen heute die Zahlen nicht mehr für Gott und das Nichts, sondern die 1 für den eingeschalteten Strom, während die 0 für den abgeschalteten Strom steht. Diese zwei Zustände in den Computerchips reichen aus, um selbst schwierige Rechenaufgaben sehr schnell zu lösen."

„Wie kann man die Zahlen des Dezimalsystems in das binäre System umrechnen?", fragte Stella.

„Das ist gar nicht so leicht. Ich zeige euch am besten diese Tabelle", antwortete Plutinchen.

0 NICHTS

1 ALLES

0123456789

01

0	=	0	12	=	10 010
1	=	1	13	=	10 011
2	=	10	14	=	10 100
3	=	11	15	=	10 101
4	=	100	16	=	10 110
5	=	101	17	=	10 111
6	=	110	18	=	11 000
7	=	111	19	=	11 001
8	=	1000	20	=	100 000
9	=	1001	30	=	110 000
10	=	10 000	40	=	1 000 000
11	=	10 001	100	=	1 000 000 000 000

Links steht die Zahl im Dezimalsystem, rechts vom Gleichheitszeichen steht die gleiche Zahl im Binärsystem.

„Gar nicht so einfach", meinte Stella. „Aber man darf nicht vergessen, dass man eben nur zwei Ziffern zur Verfügung hat, um alle Zahlen zur Verfügung zu haben. Das Dualsystem unterscheidet sich doch deutlich vom Dezimalsystem."

„Eigentlich hätte man dann schon zu Leibniz´ Zeiten einen Computer bauen können", meinte Tom.

„Aber nur einen mechanischen aus Zahlrädern, Achsen und Zifferblättern", widersprach der Lehrer. „Computer sind elektronische Maschinen, die nun einmal Strom benötigen. Und der stand damals ebenso wenig zur Verfügung wie elektronische Bauteile. Doch mit dem Dualsystem waren die mathematischen Grundlagen bereits vorhanden."

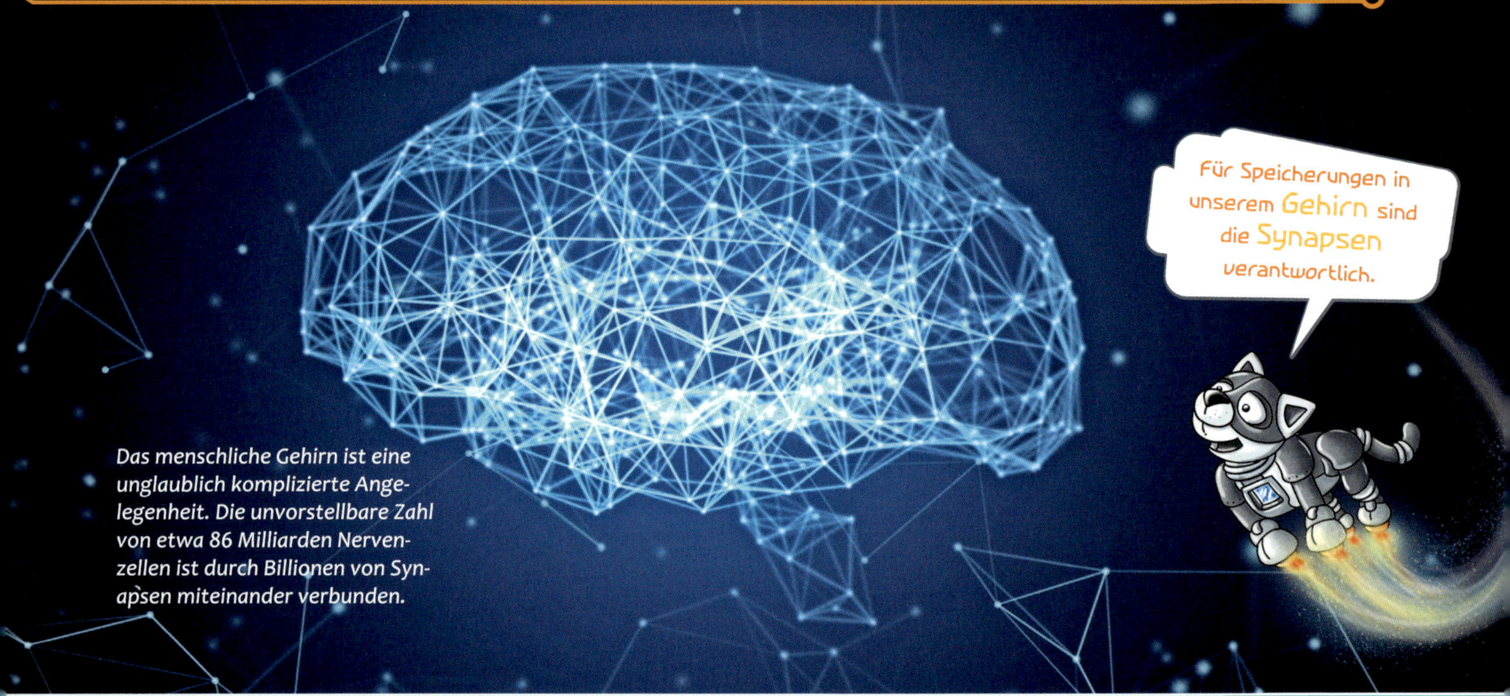

Das menschliche Gehirn ist eine unglaublich komplizierte Angelegenheit. Die unvorstellbare Zahl von etwa 86 Milliarden Nervenzellen ist durch Billionen von Synapsen miteinander verbunden.

Für Speicherungen in unserem Gehirn sind die Synapsen verantwortlich.

„Eine wichtige Eigenschaft des Gehirns ist es ja, Erlebnisse und Erfahrungen zu speichern", gab Tom zu bedenken. „Wann haben die Maschinen denn das gelernt?"

„Ihr dürft nicht vergessen, dass jedes gemalte Bild und jede schriftliche Aufzeichnung bereits ein künstlicher Speicher ist", erklärte der Lehrer. „Statt im Gehirn werden Vorstellungen, Erlebnisse, Wissen und Informationen auf Stein, Holz oder Papier gespeichert. Und dieser Speicher bleibt erhalten, auch wenn der Mensch, der ihn angefertigt hat, stirbt. Die gespeicherte Information, also das Bild oder der Text, können Menschen noch nach Jahrhunderten oder Jahrtausenden nutzen."

„Das verstehe ich", sagte Stella. „Aber was ist mit den Rechenmaschinen?"

„Da fällt mir ein, dass de Vaucanson noch etwas anderes als Automaten erfunden hat", sagte der Lehrer, „nämlich den automatischen Webstuhl. Das war 1745. Allerdings war seine Erfindung kein großer Erfolg. Das aber schaffte ein anderer Ingenieur. Joseph-Marie Jacquard, der von 1752 bis 1834 lebte, verbesserte den Webstuhl von de Vaucanson und baute eine besondere Steuerung ein."

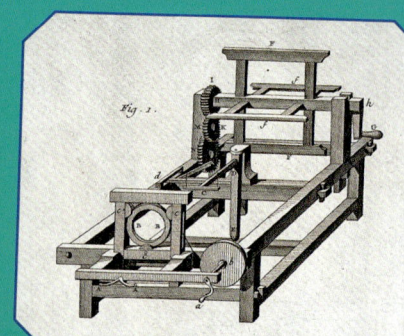

Der Webstuhl, den Jacques de Vaucanson erfand, war in der Herstellung zu teuer. Deshalb kam er in ein Museum. Dort entdeckte ihn dann Joseph-Marie Jacquard.

Joseph-Marie Jacquard war der Sohn eines Webers. Schon als Kind musste er in der Werkstatt seines Vaters mithelfen.

Noch in den 1960er-Jahren wurden Maschinen mithilfe von Lochkarten gesteuert und Daten verarbeitet. Die Karte wanderte durch die Maschine und das Loch sorgte dafür, dass ein Kontakt geschlossen wurde. Vorher stanzte man mit einem Lochkartenstanzer die Löcher in die Karte.

LOCHKARTE

Plutinchen-Wissen!

Mithilfe von Lochkarten konnten die Webstühle von Jacquard automatisch vorgegebene Muster weben. Diese Lochkarten liefen bei den Webstühlen immer wieder von vorne durch die Maschine und sorgten für das Muster im Stoff. Die Fäden wurden durch die Lochkarten programmiert. Das brachte den Amerikaner Hermann Hollerith, der von 1860 bis 1929 lebte, auf eine Idee. Hollerith nutzte die Lochkarten als Datenspeicher. Er verwendete keine Nockenwalzen mehr, wie die Uhrmacher für ihre Automaten, sondern Lochkarten.

„Bei den Webstühlen von Jacquard gab es nur zwei Möglichkeiten, nämlich ein Loch oder kein Loch; deshalb war diese Art der Programmierung …", sagte der Lehrer.

„… eine digitale Steuerung", vollendete Tom den Satz. „Es ist wie bei einem digitalen Computer, der mit 1 und 0 rechnet. Dann ist ja der Webstuhl von Jacquard auch ein Vorläufer unserer Computer."

„Das ist er. Ab 1950 gab es die ersten Magnetbänder als Datenspeicher", fuhr der Lehrer fort. „Sie funktionierten etwa so wie Tonbänder. Die Daten wurden mithilfe von Magnetfeldern auf den beschichteten Bändern gespeichert."

„Dann haben die Disketten die Bänder abgelöst", wusste Stella. „Disketten waren allerdings auch magnetische Speicher."

„Stimmt", freute sich der Lehrer. „Die ersten Disketten wurden 1969 entwickelt und waren bis über das Jahr 2000 hinaus im Einsatz. Nachfolger waren dann CDs und Speicherchips, wie sie etwa in USB-Sticks enthalten sind."

CD

USB-STICK

DISKETTEN

„Jetzt haben wir die künstlichen Menschen aus den Augen verloren", stellte Stella fest. „Über die müssen wir auch noch reden."

„Das werden wir auch tun", stimmte der Lehrer zu. „Ihr erinnert euch doch noch an den Golem, den künstlichen Menschen aus Lehm."

„Na klar", antwortete Tom.

„Einer der vielen Legenden nach sollen Gelehrte ihn in Prag erschaffen haben. So wurde Prag zur Stadt des Golems. Immer wieder griffen Schriftsteller die Geschichte auf und schrieben neue Bücher, die in Prag spielen. Der Prager Autor Karel Čapek, der von 1890 bis 1938 lebte, kam 1920 auf die Idee, eine sehr moderne Version dieser Geschichte zu verfassen, und zwar als Theaterstück, das in der Zukunft spielt. Dort werden künstliche Menschen hergestellt, damit sie in den Fabriken arbeiten."

„Das klingt wieder einmal nach Aristoteles", stellte Tom fest.

„So ist es", nickte der Lehrer. „Es geht noch immer darum, den Menschen von der Arbeit zu befreien und diese zu automatisieren. Karel Čapek suchte nach einem passenden Namen für seine künstlichen Menschen, fand aber keinen. Doch sein Bruder Josef hatte eine Idee: Roboter. Das Wort stammt aus dem Tschechischen und bedeutet Zwangsarbeiter."

„Daher stammt also der Name", sagte Stella. „Aus einem Theaterstück von 1920."

Plutinchen-Wissen!

Čapeks Stück trägt den Titel R.U.R. – Rossum's Universal Robots und wurde in vielen Ländern ein großer Erfolg. Vor allem der neue Begriff prägte sich vielen Menschen ein und setzte sich auf der ganzen Welt durch: Roboter.

Der tschechische Schriftsteller Karel Čapek lebte auch einige Zeit in Paris.

Szenen aus dem Theaterstück R.U.R., in denen sich die Roboter gegen die Menschen wehren.

Lange bevor es richtige Roboter gab, spielten sie schon in Geschichten und Filmen eine wichtige Rolle. Auf der nächsten Seite findest du noch mehr Beispiele.

PRAG

Auf diesem Foto von 1900 sieht man die Karlsbrücke in Prag. In dieser Stadt wohnte Karel Čapek.

„Was passiert in dem Theaterstück?", fragte Tom.

„Die Roboter sind intelligent und haben ein Bewusstsein", antwortete der Lehrer. „Ihnen wird klar, dass sie wie Sklaven gehalten werden, und lehnen sich auf. Es gelingt ihnen, die Menschen zu besiegen und die Herrschaft zu übernehmen."

„Ein Aufstand der Maschinen", meinte Tom. „Die künstlichen Menschen bekämpfen die echten Menschen. Erstaunlich, dass sich das Schriftsteller vor so langer Zeit vorstellen konnten."

„Diese Vorstellung hat übrigens Folgen gehabt", erläuterte der Lehrer. „Sie hat mit dazu beigetragen, Ängste vor dem technischen Fortschritt zu erzeugen. Immerhin führt das Theaterstück vor Augen, wie die Menschen die Kontrolle über ihre Technik verlieren. Die Technik, in diesem Fall die Robotik und die künstliche Intelligenz, verselbstständigt sich. Die Automatisierung reicht so weit, dass sie den Menschen abschafft."

„Das ist ja eine gruselige Vorstellung", bemerkte Stella. „Ich glaube, es ist besser, wenn Plutinchen dieses Theaterstück nicht sieht."

„Keine Sorge", antwortete die Roboterkatze kopfschüttelnd. „Ich werde keinen Aufstand anzetteln."

„Das Theaterstück von Karel Čapek und Filme prägten auch weiterhin die Vorstellungen der Menschen vom technischen Fortschritt und von Robotern", erklärte der Lehrer. „Ein ganz wichtiger Film kam 1927 in die Kinos, nämlich ‚Metropolis' von dem Regisseur Fritz Lang, der von 1890 bis 1976 lebte. Es war der erste lange Science-Fiction-Film."

„‚Metropolis' zeigt eine Stadt der Zukunft mit gigantischen Häusern, riesigen Fabriken und moderner Technik wie Bildschirmtelefonen und natürlich Robotern. Einer wird gebaut, um Maria, die Heldin des Films, zu ersetzen. Er gilt als der berühmteste Filmroboter der Welt und wurde zum Vorbild für den Roboter C-3PO aus den Star-Wars-Filmen", sagte Plutinchen.

„Ich glaube, viele Menschen denken bei Robotern zuerst an die Roboter, die sie aus Filmen kennen", meinte Tom. „Das ist ja verständlich, denn echte Roboter gibt es ja nicht an jeder Ecke."

„Wann wurde eigentlich der erste echte Roboter gebaut?", fragte Stella.

„Das ist schwer zu sagen", antwortete der Lehrer. „Einer der ersten aufwendig konstruierten Roboter war auf jeden Fall Elektro von der Firma Westinghouse. Sie hatte sich auf den Bau von Kraftwerken und Elektrogeräten spezialisiert und 1937 mit der Entwicklung von Elektro begonnen. Der fertige humanoide Roboter, also ein menschenähnlicher Roboter, wurde dann 1939 auf der Weltausstellung in New York gezeigt."

Plutinchen-Wissen!

Elektro ist 2,20 Meter groß und hat eine golden glänzende Metallhaut. Er ist kein Automat, sondern wird ferngesteuert. Er kann gehen, Arme und Finger bewegen. Sprechen kann er auch, jedoch nicht mehr als 700 Wörter. Und er kann etwas, was sonst Roboter nicht können, nämlich eine Zigarre rauchen.

Der Film „Metropolis" war einer der teuersten Filme der damaligen Zeit.

L'ALLIANCE CINÉMATOGRAPHIQUE EUROPÉENNE
PRÉSENTE UNE PRODUCTION UFA
RÉALISÉ PAR
FRITZ LANG
D'APRÈS LE SCÉNARIO DE
THEA VON HARBOU

METROPOLIS

Der Regisseur Fritz Lang drehte den Film „Metropolis" mit großem technischem Aufwand. Er benötigte auch eine große Anzahl von Darstellern.

Elektro ist durch einen Menschen mittels einer Telefonverbindung steuerbar.

„Elektro war die Attraktion der Weltausstellung", fuhr der Lehrer fort. „Viele Menschen waren davon überzeugt, dass man Roboter wie Elektro bald kaufen könnte. Er steht heute in einem Museum in den USA."

Plutinchen: „Seine Erfinder sind nicht nur auf die Idee mit dem Rauchen gekommen, sondern haben für ihn 1940 noch einen Roboterhund konstruiert: Sparko. Er kann mit dem Schwanz wedeln und natürlich auch Sitz machen. Wie ein echter Hund."

„Mit anderen Worten: Auch Robotertiere gibt es viel länger, als ich gedacht habe", sagte Stella.

2,2 Meter

wow!

Der Roboter Elektro und sein kleiner Hund Sparko.

25

„Immerhin war das ein halbwegs gelungener Versuch", meinte Tom. „Aber mit unseren modernen Robotern hat er noch nicht sehr viel zu tun. Er zeigt aber, wie sehr sich die Menschen damals schon mit Robotern beschäftigt haben. Das finde ich erstaunlich."

„Es hat viel mit der Faszination eines künstlichen Menschen zu tun", erklärte der Lehrer. „Diese Faszination besteht aus Begeisterung auf der einen Seite und Angst auf der anderen. Es ist eine Mischung von beidem. Auch von den Statuen des Dädalus, dem Golem oder dem Homunkulus waren die Menschen fasziniert, obwohl es sie nur in der Fantasie gab. Und denkt nur mal an die Begeisterung für die mechanischen Menschen der Automatenbauer."

„Das kann ich verstehen", sagte Stella. „Eine menschenähnliche Maschine besitzt eine merkwürdige Anziehungskraft. Aber sie kann auch Angst erzeugen. Wie ging man damit um?"

„Mit der Angst hat sich schon früh der amerikanische Chemiker und Science-Fiction-Autor Isaac Asimov befasst, der von 1920 bis 1992 lebte. Er schrieb 1942 die Kurzgeschichte ‚Runaround', die von dem Roboter Speedy handelt, der zwei Astronauten auf dem Planeten Merkur helfen soll. Im Mittelpunkt der Geschichte stehen die drei Robotergesetze, die Isaac Asimov erfunden hat."

ISAAC ASIMOV

Isaac Asimov hat sich viele Gedanken über die Zukunft gemacht: über selbstfahrende Autos, Computer, Roboter, Bildschirmtelefone und über die Zerstörung unseres Planeten.

Plutinchen-Wissen!

Diese Gesetze sollen dafür sorgen, dass Menschen ohne Angst mit Robotern zusammenarbeiten können. Isaac Asimov wendet diese Gesetze auch in anderen seiner Geschichten an. Später verwenden sie auch viele seiner Kollegen für ihre Geschichten.

Roboter im militärischen Bereich folgen diesen Gesetzen nicht!

ROBOTERGESETZE:

1 Ein Roboter darf kein menschliches Wesen verletzen oder durch Untätigkeit zulassen, dass einem menschlichen Wesen Schaden zugefügt wird.

2 Ein Roboter muss den ihm von einem Menschen gegebenen Befehlen gehorchen – es sei denn, ein solcher Befehl würde mit Regel eins kollidieren.

3 Ein Roboter muss seine Existenz beschützen, solange dieser Schutz nicht mit Regel eins oder zwei kollidiert.

HALLO!! REGELN BEFOLGEN!

„Haben diese Robotergesetze auch etwas mit echten Robotern oder der künstlichen Intelligenz zu tun?", fragte Tom.
„Ja, das haben sie", erklärte der Lehrer. „Obwohl sie von einem Schriftsteller stammen, haben sie viele Wissenschaftler beeinflusst. Einer von ihnen war Marvin Minsky, der von 1927 bis 2016 lebte. Er war Experte für künstliche Intelligenz und hat berichtet, dass ihn diese Gesetze überhaupt auf die Idee gebracht haben, sich mit künstlicher Intelligenz zu beschäftigen."

Marvin Minsky war einer der Ersten, die sich intensiv mit der künstlichen Intelligenz auseinandersetzten.

MARVIN MINSKY

Erste Pause

So, jetzt machen wir erst einmal Pause", verkündete der Lehrer. „Ich brauche einen Kaffee."

„Und wir einen Space Tea!", freute sich Stella.

„Ich werde meinen Akku laden", schnurrte Plutinchen.

Tom und Stella schwebten aus dem Schulmodul, während Plutinchen an der Bordwand entlangmarschierte. In der kleinen Bordküche trafen sie sich wieder.

„Eine künstliche, mechanische Ente", sagte Stella. „Auf welche Ideen die Menschen so kommen. Wie wurde die eigentlich in Bewegung gesetzt? Bestimmt nicht elektrisch, so wie du, Plutinchen."

„Nein, denn so weit war die Entwicklung im 18. Jahrhundert noch nicht", erklärte Plutinchen. „Da die Erfinder fast alle Uhrmacher waren, haben sie mechanische Uhrwerke benutzt."

„Na klar, die Automaten musste man aufziehen wie eine alte Taschenuhr oder eine Standuhr", sagte Tom.

„Früher gab es auch Spielzeug aus Blech und Metall, das man aufziehen musste", erzählte Plutinchen. „Eisenbahnen, Autos, Traktoren und Tiere, Affen, Frösche und Marienkäfer."

Nachdem sie ihren Space Tea getrunken hatten, kam Tom noch auf eine weitere Idee: „Einige Philosophen und Uhrmacher glaubten damals, dass der Mensch nur eine Art Uhr ist. Warum haben sie dann nicht bemerkt, dass man einen Menschen nicht aufziehen muss? Er bewegt sich von alleine."

„Ihnen war nicht klar, wie kompliziert ein biologisches Wesen wie der Mensch ist", erklärte Plutinchen. „Auch wussten sie nicht, dass es seit der Entstehung des Lebens auf der Erde 3,5 Milliarden Jahre gedauert hat, bevor sich der Mensch entwickelt hat. Sie haben sich alles viel, viel einfacher vorgestellt."

„Andererseits konnten ihre Automaten Dinge, die zuvor keine Maschine gekonnt hat", sagte Stella.

„Aber viele Dinge können Maschinen immer noch nicht", grinste Tom.

„Was denn?", fragte Stella.

„Tee trinken, zum Beispiel", antwortete

Tom. „Und dann Tee auch genießen. Ich meine, den Tee als lecker zu empfinden, die Wärme zu spüren, den Duft zu riechen."

„Da muss ich dir recht geben", schnurrte Plutinchen. „Ich kann mit meinen Sensoren herausfinden, welche Stoffe in dem Tee enthalten sind. Doch was Genuss ist, weiß ich nicht." Also los, genießen wir unseren Tee", sagte Stella. „Ich mache uns noch eine Tasse, bevor es weitergeht."

„Ich bin gespannt, was in der nächsten Stunde drankommt", meinte Tom. „Vielleicht schon die ersten Computer. Das waren Riesendinger. Die haben ganze Räume gefüllt."

Die Erfindung des Computers

Wer hat den Computer erfunden?

Eine Mitarbeiterin arbeitet am ENIAC – am ersten elektronischen Universalrechner. Der Computer bestand aus Röhren und Kabeln, hatte aber keinen Bildschirm.

17000
Elektronenröhren

Gewicht
27 Tonnen

> „Ich bin zu faul zum Rechnen."

Aus alten Blechen baute Konrad Zuse seinen ersten Computer im Wohnzimmer der Eltern auf.

„Die Pause hat gutgetan!", meinte Tom. „Aber wie ist das, für künstliche Intelligenz braucht man erst einmal einen Computer, oder? Doch den gab es 1942 noch gar nicht."

„Das stimmt nicht ganz", meinte der Lehrer. „Allerdings wussten das damals weder Isaac Asimov noch Marvin Minsky. In Deutschland gab es einen Bauingenieur namens Konrad Zuse, der von 1910 bis 1995 lebte. Er stöhnte über die endlosen Berechnungen, die sein Beruf mit sich brachte. Daran konnten auch die damaligen Rechenmaschinen nichts ändern. Zuse gab zu: „Ich bin zu faul zum Rechnen."

Der Nachbau von Konrad Zuses Z3 im Deutschen Museum in München. Das Original wurde während eines Bombenangriffs im Zweiten Weltkrieg zerstört.

und Rädern, und wurde von dem Motor eines alten Staubsaugers in Bewegung gesetzt. Da die Stangen und Achsen aber oft klemmten, suchte er nach einer anderen Lösung."

„Die fand er auch. Statt auf Achsen setzte er auf Telefonrelais, auf kleine, automatische Schalter. Nach Versuchen mit dem Z2 genannten Rechner baute er 1941 den Z3, den ersten funktionsfähigen Digitalrechner der Welt. Er wog etwa eine Tonne. Auch nach dem Ende des Zweiten Weltkriegs baute Konrad Zuse neue Computer. Außerdem erfand er Plankalkül, die erste Programmiersprache für Computer", meinte Plutinchen. „Natürlich war er nicht der einzige Erfinder des Computers", erklärte der Lehrer. „Auch in anderen Ländern, vor allem in den USA, wurde an elektronischen Rechnern gearbeitet. Auftraggeber war die Armee, die Forscher kamen von Universitäten. Die Amerikaner verwendeten keine Telefonrelais, sondern Elektronenröhren. Damit bauten sie den Computer ENIAC, der 1946 eingesetzt werden konnte."

„Um nicht mehr selbst rechnen zu müssen, konstruierte er eine Maschine, die dies schneller und besser konnte als er", fuhr der Lehrer fort. „Aber auch schneller und besser als eine herkömmliche Rechenmaschine. Sein Ergebnis nannte er 1937 ein mechanisches Gehirn."

„Das ist ja wieder ein Vergleich von Mensch und Maschine", meinte Stella.

„So ist es", antwortete der Lehrer. „Er wird auch weiterhin immer wieder bemüht werden, so alt er auch ist. Da ihm ein Labor fehlte, baute Zuse seinen ersten Rechner, den Z1, im Wohnzimmer seiner Eltern. Er bestand aus mechanischen Bauteilen, aus Achsen

Plutinchen-Wissen!

ENIAC ist die Abkürzung für Electronic Numerical Integrator and Computer. Er besaß mehr als 17 000 Elektronenröhren, von denen ständig ein paar kaputtgingen und ausgetauscht werden mussten. Er wog 27 Tonnen und füllte einen ganzen Saal. Dafür war ENIAC ein elektronischer Rechner und kein elektromechanischer Rechner wie Zuses Z3.

"Was genau ist denn der Unterschied zwischen einer Rechenmaschine und einem Computer?", fragte Tom.

"Eine Rechenmaschine kann nur einige wenige Aufgaben erledigen, etwa die bekannten Grundrechenarten wie Addieren (Zusammenzählen), Subtrahieren (Abziehen), Multiplizieren (Malnehmen) und Dividieren (Teilen). Außerdem ist eine Rechenmaschine nicht programmierbar. Ein Computer hingegen kann sehr unterschiedliche Aufgaben erledigen und sehr komplizierte Rechenaufgaben lösen. Dazu braucht er Programme, also die Software, mit deren Hilfe man auch Musik komponieren, Fotos bearbeiten oder Tests erstellen kann", erklärte der Lehrer.

"Das geht natürlich nicht mit einer Rechenmaschine", stimmte Stella zu. "Dabei rechnet der Computer auch, nur sehen seine Aufgaben ganz anders aus. Um Computer zu entwickeln, braucht man also auch gute Mathematiker."

"Sehr gute sogar", sagte der Lehrer. "Denn sie überlegen sich, wie ein Computerprogramm seine Berechnungen ausführt."

"Okay, Leibniz hatten wir schon", meinte Tom. "Wer ist denn noch von Bedeutung?"

"Da könnte ich jetzt eine ganze Reihe von Mathematikern aufzählen", antwortete der Lehrer, "denn mathematische Grundlagen werden nicht von einem Menschen allein geschaffen. Ich greife mal einen heraus, nämlich den Engländer Alan Turing, der von 1912 bis 1954 lebte. Turing war hochbegabt und hatte ein besonderes Talent für Mathematik.

Bei der Enigmamaschine hatte man über 150 Billionen Möglichkeiten, um die richtige Lösung zu finden!

Die Enigmamaschine verschlüsselt Buchstaben in Zahlen. Je mehr Walzen eine Maschine hat, desto komplizierter ist der Code zu knacken. Die verschlüsselte Nachricht kann nur von einer Enigma mit genau der gleichen Einstellung gelesen werden.

Eine Walze der Enigma. Während des Zweiten Weltkriegs verschlüsselten die Deutschen mithilfe der Enigmamaschine ihre Funksprüche. Enigma bedeutet auf Griechisch Rätsel.

Schon mit 16 Jahren hat er die Bücher von Albert Einstein gelesen, dem weltberühmten Physiker. Natürlich hat er Mathematik studiert und war bald einer der Besten in England. Im Zweiten Weltkrieg hat er es geschafft, den Code der Enigma zu knacken."

Plutinchen-Wissen!

Die Enigma war eine Maschine zum Verschlüsseln von Nachrichten, die von den Deutschen benutzt wurde. Sie war so kompliziert, dass man lange Zeit dachte, ihr Code sei nicht zu knacken. Doch Alan Turing hatte die Lösung: Die Enigma war eine Maschine. Ihre Verschlüsselung war von Menschen nicht zu knacken. Aber von einer anderen Maschine. Und die hat er gebaut: die Turing-Bombe. Das war eine außergewöhnliche Rechenmaschine und schon fast ein Computer, die ab 1940 eingesetzt wurde.

„Die Briten konnten dank seiner Erfindung verschlüsselte Funksprüche der Deutschen schnell wieder entschlüsseln", erklärte der Lehrer. „Damit besaßen sie einen großen Vorteil im Krieg. Die von Alan Turing gemachten Erfahrungen und seine mathematischen Überlegungen halfen den Amerikanern, ihren Computer ENIAC zu bauen."

Die sogenannte Turing-Bombe war eine riesige Maschine, mit deren Hilfe der Code der Enigma entziffert wurde. Auf diese Weise konnten die Alliierten im Zweiten Weltkrieg die Funksprüche der Deutschen enträtseln und letztlich den Krieg gewinnen.

Programmieren ist eine Fähigkeit, die am besten durch Übung und Ausprobieren und nicht aus Büchern erworben wird.

Bletchley Park ist ein britischer Landsitz in der Nähe von London. Auf dem Gelände des Landsitzes befand sich eine Baracke, in der Alan Turing arbeitete.

Alan Turing war nicht nur ein Ass in Mathe, sondern er war auch ein so guter Läufer, dass er sich für die Olympischen Spiele qualifizierte.

„Hat Alan Turing eigentlich Konrad Zuse getroffen?", fragte Stella. „Das wäre doch bestimmt spannend gewesen."

„Soweit man weiß, war das tatsächlich der Fall, nämlich 1947", antwortete der Lehrer. „Turing war mit einer Gruppe von Experten nach Deutschland gekommen, um herauszufinden, wie weit die deutschen Computerleute waren. Dabei traf er auch Zuse. Was die beiden besprochen haben, ist aber unbekannt."

„Schade", meinte Stella. „Und was hat Turing zur künstlichen Intelligenz gesagt?"

„Er hat sich mit der Frage beschäftigt, ob man einen Computer bauen kann, der so intelligent ist, dass er sich von einem Menschen nicht unterscheiden lässt", antwortete der Lehrer.

Plutinchen-Wissen!

Beim Turing-Test unterhält sich eine Testperson mittels Bildschirm und Tastatur abwechselnd mit einem Computer und einem Menschen. Sie weiß jedoch nicht, wer wer ist. Kann sie dies im Laufe einer längeren Unterhaltung nicht herausfinden, hat der Computer den Turing-Test bestanden und kann als intelligent angesehen werden.

John McCarthy prägte den Begriff der künstlichen Intelligenz.

„Und? Hat ein Computer diesen Test bestanden?", wollte Tom wissen.

„Nein, das hat noch kein Computer geschafft", antwortete der Lehrer. „Man darf auch nicht vergessen, dass dieser Test umstritten und fehlerhaft ist."

„Aber er ist spannend", meinte Tom. „Dann hat also Turing den Begriff ‚künstliche Intelligenz' erfunden?"

„Nein, das hat er nicht", erklärte der Lehrer. „Der Begriff wurde von dem Amerikaner John McCarthy erfunden, der von 1927 bis 2011 lebte. Er hat 1956 zusammen mit anderen Computerexperten und Informatikern ein berühmtes Forschungsvorhaben gestartet, die Dartmouth Conference. Mit dabei waren auch Marvin Minsky und Claude Shannon, zwei bekannte Mathematiker und Informatiker. Die Tagung fand in den USA statt. McCarthy hat das Ziel so beschrieben: „Wir wollen beweisen, dass eine Maschine alle Eigenschaften des Lernens und alle Merkmale der Intelligenz nachbilden kann."

„Auch waren die Wissenschaftler davon überzeugt, dass man Menschen nachbauen kann", stellte Tom fest. „Ich meine das menschliche Gehirn."

„Ja, das waren sie", bestätigte der Lehrer. „Von den vielen Schwierigkeiten, die damit zusammenhängen, haben sie aber eine auf jeden Fall übersehen, nämlich die Intelligenz."

...HALLO!

WOW!

NERVENZELLEN

Es gibt viele verschiedene Formen von Nervenzellen. Überall im Körper befinden sich Nervenzellen, wenn auch die meisten im Gehirn. Die wichtigsten Nährstoffe für Nervenzellen sind Traubenzucker und Sauerstoff.

„Was ist an der Intelligenz so schwierig?", fragte Stella.

„Dass wir nicht wirklich wissen, was Intelligenz eigentlich ist", antwortete der Lehrer. „Bislang sind sich die Wissenschaftler nicht einig, was unter dem Begriff ‚Intelligenz‘ genau zu verstehen ist. Das ist nämlich gar nicht so einfach, denn sie setzt sich aus verschiedenen Fähigkeiten zusammen, etwa Verstehen und Lernen, das schnelle und erfolgreiche Lösen von Problemen, das Erledigen von bestimmten Aufgaben, der Umgang mit der Sprache, das Rechnen, die Kreativität, das Erinnerungsvermögen und vieles mehr. Es ist diese Vielfalt, die eine genauere Bestimmung der Intelligenz so schwierig macht."

„Jetzt verstehe ich", sagte Stella. „Dieses Problem haben auch die Informatiker und Forscher auf dem Gebiet der künstlichen Intelligenz. Auch sie wissen nicht genau, was Intelligenz ist."

„Ja, das ist das Problem", nickte der Lehrer. „Daher wissen sie auch nicht genau, was

Die Synapsen im menschlichen Gehirn sind die Kontaktstellen zwischen den Nervenzellen.

künstliche Intelligenz ist", meinte Tom, „sondern nur ungefähr."

Plutinchen-Wissen!

Während der Dartmouth Conference wurde dennoch beschlossen, Computer mit menschlicher Intelligenz auszustatten und diese sogar noch zu übertreffen. Zu den damals erklärten Zielen zählten etwa die Fähigkeit, zu sprechen, Probleme aller Art zu lösen, sich selbst zu verbessern und sogar Kreativität. Außerdem sollte die Vernetzung der Nervenzellen im Gehirn im Computer nachgebaut oder simuliert werden.

„Letzteres ist besonders wichtig", fuhr der Lehrer fort. „Der Mensch kann so gut denken und Informationen verarbeiten, weil seine Nervenzellen im Gehirn so gut vernetzt sind. Das menschliche Gehirn

Die Nervenzellen kommunizieren über elektrische Signale miteinander.

Jede Nervenzelle steht mit etwa

6 000

anderen Nervenzellen in Verbindung.

besteht aus einem Netzwerk von rund 100 Milliarden Nervenzellen, die dank mehr als 100 Billionen Kontaktstellen miteinander verbunden sind. Diese Zahl ist unvorstellbar groß."

„Orbital!", staunte Tom. „Und wie sieht es bei der künstlichen Intelligenz aus?"

„Ganz anders", erklärte der Lehrer. „Von dieser Anzahl der Verknüpfungen sind künstliche neuronale Netze immer noch sehr weit entfernt. Diese künstlichen Netze sind der Versuch, die menschlichen Nervenzellen und ihre Verbindungen im Computer nachzuempfinden. Ich werde es später noch genauer erklären."

„Aber die künstliche Intelligenz kann doch viele Aufgaben besser lösen als unser Gehirn", erwiderte Stella.

„Das stimmt", anzwortete der Lehrer. „Künstliche Intelligenz kann sehr schnell aus einer großen Datenmenge bestimmte Informationen heraussuchen, etwa Gesichter von Menschen oder Tonfolgen von Musikstücken. Dazu brauchen Menschen sehr lange. Solche Aufgaben überlassen wir daher gerne der künstlichen Intelligenz."

COMPUTERPLATINE

Bei künstlichen neuronalen Netzen ist eine Nervenzelle eine mathematische Formel. Wenn viele künstliche Nervenzellen zusammenarbeiten, spricht man von einem künstlichen neuronalen Netz. Dieses löst Aufgabenstellungen nicht durch Wissen, sondern durch Ausprobieren, was ein ungeheuer rechenaufwendiges Lernen ist.

Bei einem künstlichen neuronalen Netz geben künstliche Nervenzellen Informationen weiter.

„Das wissen wir", sagte Tom. „Die künstliche Intelligenz ist sehr gut darin, Muster zu erkennen. Daher kann sie auch Ärzten beim Erkennen von Krankheiten helfen oder Stimmen und Gesichter erkennen. Da gibt es überall Muster, in den Gesichtern und bei Krankheiten. Immer wiederkehrende Tätigkeiten, die sind ideal für die künstliche Intelligenz. Aber was kann sie nicht?"

„Sie kann eben nicht so denken wie Menschen", antwortete der Lehrer. „Sie hat keinen Humor, sie versteht keinen Spaß. Sie kann aus ihren eigenen Ergebnissen keine Schlüsse ziehen. Schon gar nicht kann sie Entscheidungen treffen oder Vorgaben verstehen, die bekannten Mustern nicht folgen. So kann ja die Lösung eines Problems darin liegen, die bekannten Regeln oder Anweisungen nicht zu befolgen."

Plutinchen-Wissen!

Menschen sind neugierig, finden Neues aufregend, lieben neue Eindrücke, sind sehr kreativ. Menschen stellen Fragen und stellen Zusammenhänge her. Menschen ordnen Erlebnisse und Erfahrungen in Geschichten ein. Sie leben in Geschichten und können Probleme lösen, weil sie auf diese Geschichten zurückgreifen könne. Menschen haben plötzlich eine Idee, wie aus dem Nichts, sie sind sehr schöpferisch.

„Aber das passt doch gut zusammen", meinte Stella. „Der Mensch und die künstliche Intelligenz ergänzen sich. So wie wir und Plutinchen. Die künstliche Intelligenz ist eine Art Partner des Menschen, bei der Arbeit, im Alltag und bei der Forschung."

„Haben also die Forscher von damals,

Bei der Versorgung von Patienten werden viele Daten erhoben. Zum Beispiel auch durch Röntgenbilder. Diese Datenmenge für Therapien zu nutzen, ist die Aufgabe von KI in der Zukunft.

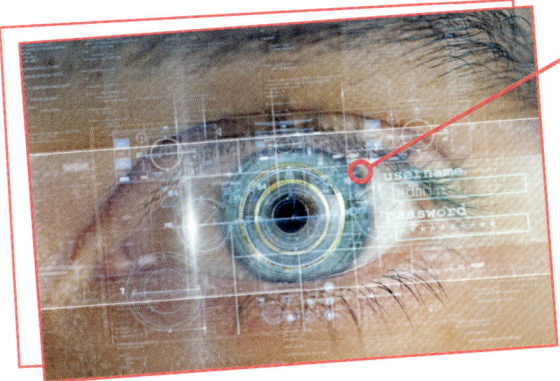

IRISSCAN

Dank KI braucht man keinen Schlüssel mehr, um die eigene Haustür zu öffnen, ein Blick in die Kamera reicht und die Tür öffnet sich – aber nur, wenn es die Bewohner sind.

HOLOGRAMM

Das ist noch Zukunftsmusik, dass Mediziner mithilfe von Hologrammen Patientendaten überall schnell wiedergeben können.

John McCarthy und Marvin Minsky, ihre Ziele erreicht?", fragte Tom.

„Ja und nein", antwortete der Lehrer. „Sie haben damals geglaubt, sehr schnell eine künstliche Intelligenz zu erschaffen, die dem Menschen überlegen ist, zumindest aber ebenbürtig. Dieser Traum hat sich nicht erfüllt. Die Entwicklung der künstlichen Intelligenz verlief viel langsamer als damals gedacht. Inzwischen kann sie eine ganze Menge, aber an den Menschen kommt sie nicht heran und muss dies auch gar nicht. Sie hat einfach andere Fähigkeiten."

„Warum sollte man auch den Menschen durch Maschinen ersetzen?", fragte sich Stella. „Viel besser ist es doch, lästige Arbeiten zu automatisieren. Wie Aristoteles es sich gedacht hat, also dem Menschen ein genauso intelligentes Geschöpf zur Seite zu stellen."

„Das finde ich auch", stimmte Tom zu. „Wir sollten keine Roboter bauen, um den Menschen abzuschaffen. Wollten die das damals wirklich?"

„Bestimmt nicht alle", antwortete der Lehrer. „Aber einige der Computerexperten hatten diese Vorstellung im Kopf. Doch zunächst haben sie gemerkt, dass die Entwicklung sehr viel mehr Zeit benötigt. Ihr habt ja schon gehört, wie lange Lochkarten noch als Speicher für Computer eingesetzt wurden."

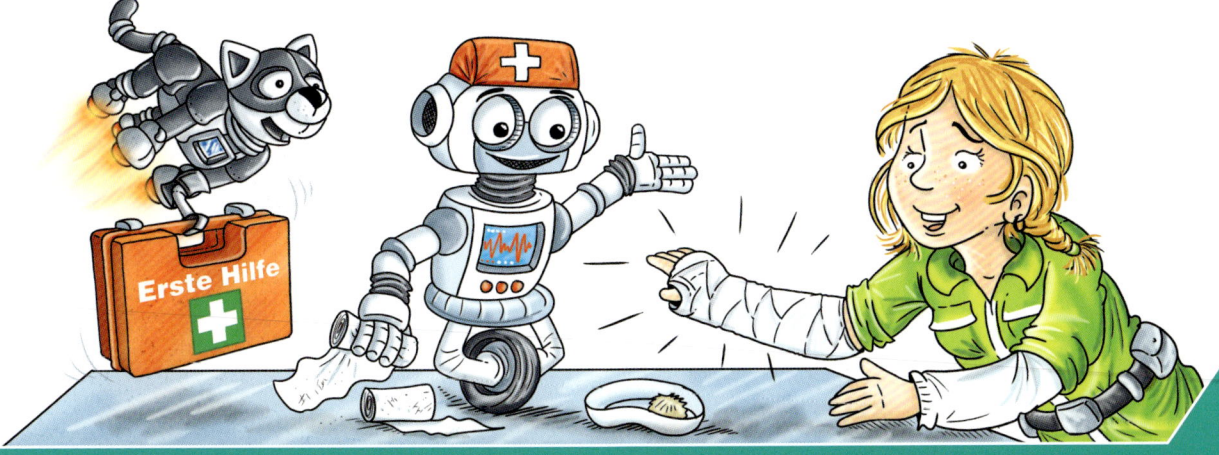

Dieser schildkröten-artige Roboter namens Elsie aus dem Jahr 1950 kann mit seinen Sensoren helles Licht wahrnehmen und sich dorthin bewegen.

Dieser Roboter zum Frankieren von Briefumschlägen wurde 1956 auf einer Ausstellung in Paris gezeigt.

1912 bis 2011 lebte, den ersten Industrieroboter entwickelt. Dessen Greifarm war nicht mehr ferngesteuert, sondern alle Bewegungen waren programmiert."

„Na klar", sagte Tom. „Für die Industrie ist die Automatisierung viel wichtiger als ein superintelligenter Roboter."

„Ja, so könnte man das ausdrücken", meinte der Lehrer. „Dank der Industrieroboter schritt die Automatisierung sehr schnell voran. Vor allem einfache, gefährliche und sich ständig wiederholende Arbeitsschritte wurden nun mehr und mehr von Industrierobotern erledigt."

Plutinchen-Wissen!

Anfang des 21. Jahrhunderts waren weltweit rund 2,5 Millionen Industrieroboter im Einsatz. Heute ist die Herstellung von Produkten ohne Industrieroboter gar nicht mehr vorstellbar. Autos oder elektronische Geräte wie Smartphones werden mit Industrierobotern hergestellt.

„Wie ging damals alles weiter?", fragte Stella. „Was passierte nach der Dartmouth Conference?"

„Die berühmte Tagung fand mitten im Raumfahrtzeitalter statt", begann der Lehrer. „Es wurde damals auch Atomzeitalter genannt, da die ersten Atomkraftwerke gebaut wurden. Für diese benötigte man Manipulatoren, also bewegliche, ferngesteuerte Greifarme. Nur so konnte man radioaktive Stoffe sicher bewegen. Aus diesen Manipulatoren hat der Amerikaner George Devol, der von

„Die Entwicklung verlief ganz ähnlich wie bei den Webstühlen", erklärte der Lehrer. „Durch die Industrieroboter fallen zwar viele Arbeitsplätze weg, doch konnten die Firmen die Waren preisgünstiger herstellen. So wurden die Produkte auf Dauer billiger. Das führt seit 1954 dazu, dass die Vielfalt der Roboter und auch ihrer Programme anstieg.

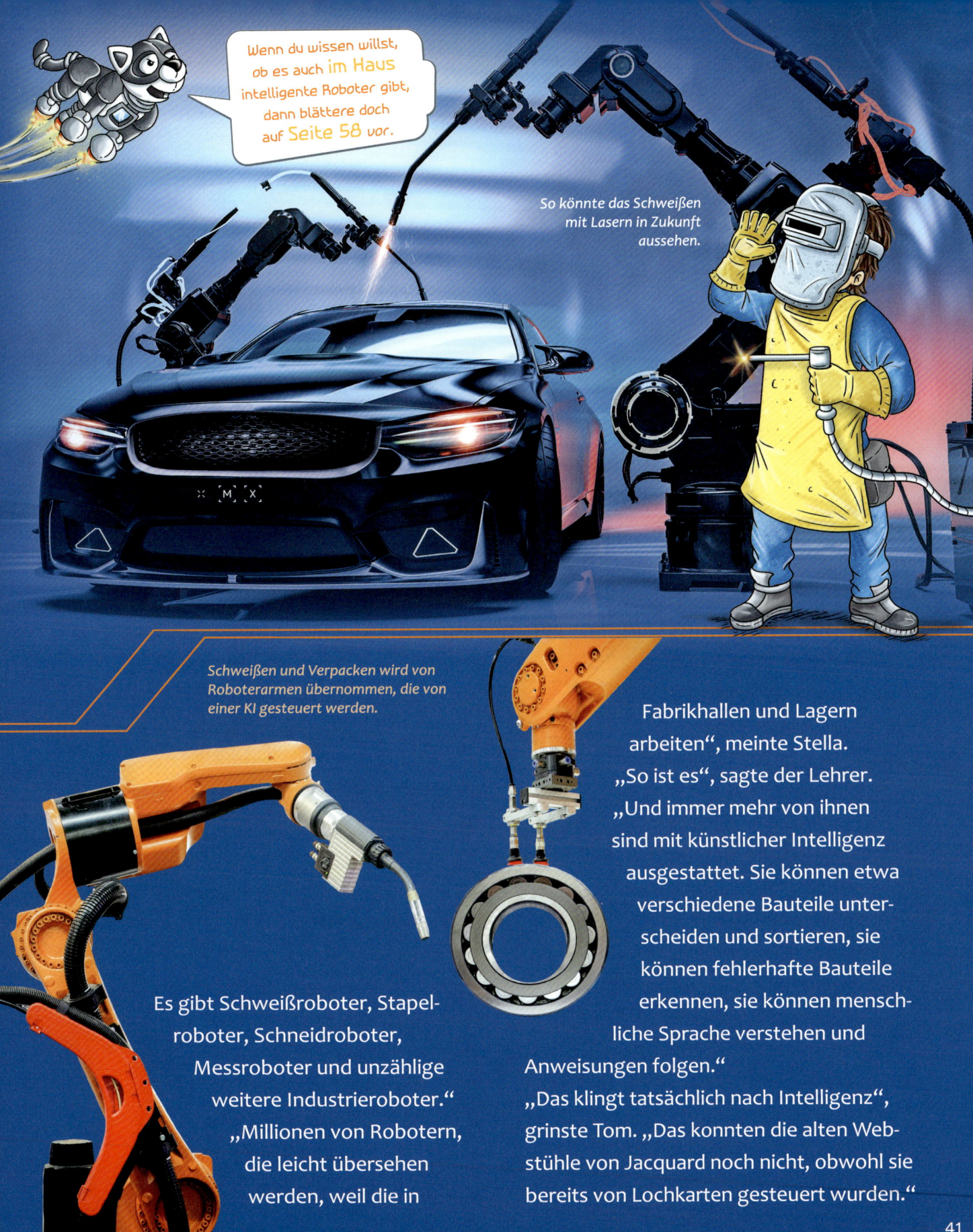

Wenn du wissen willst, ob es auch im Haus intelligente Roboter gibt, dann blättere doch auf Seite 58 vor.

So könnte das Schweißen mit Lasern in Zukunft aussehen.

Schweißen und Verpacken wird von Roboterarmen übernommen, die von einer KI gesteuert werden.

Fabrikhallen und Lagern arbeiten", meinte Stella. „So ist es", sagte der Lehrer. „Und immer mehr von ihnen sind mit künstlicher Intelligenz ausgestattet. Sie können etwa verschiedene Bauteile unterscheiden und sortieren, sie können fehlerhafte Bauteile erkennen, sie können menschliche Sprache verstehen und Anweisungen folgen."

Es gibt Schweißroboter, Stapelroboter, Schneidroboter, Messroboter und unzählige weitere Industrieroboter." „Millionen von Robotern, die leicht übersehen werden, weil die in

„Das klingt tatsächlich nach Intelligenz", grinste Tom. „Das konnten die alten Webstühle von Jacquard noch nicht, obwohl sie bereits von Lochkarten gesteuert wurden."

Zweite Pause

So, ich glaube, es wird wieder einmal Zeit für eine Pause", sagte der Lehrer auf dem großen Display.

„Puh!", freute sich Stella. „Das wurde aber auch Zeit. Das war ganz schön viel Stoff."

„Und es war kein leichter Stoff", ergänzte Tom. „Die Geschichte der künstlichen Intelligenz ist zwar spannend, strengt aber den Kopf auch an."

„Was machen wir, um den Kopf wieder frei zu bekommen?", fragte Stella.

„Wir gehen ins Grüne!", schlug Tom vor. „Das hilft immer. Für uns bedeutet das, wir gehen ins Gewächshaus."

„Eine tolle Idee", strahlte Stella und stieß sich von der Konsole ab. „Aber wir sollten schweben, weil wir hier ja nicht gehen können."

Es dauerte nicht lange und sie konnten die Tür zum Gewächshaus öffnen. Hier wuchsen Salat und Radieschen, Paprika und Tomaten. Es roch ein bisschen wie in einem Garten.

„Da bekomme ich Sehnsucht nach einem richtigen Garten", meinte Tom wehmütig. „Nach warmem Sonnenschein und Gras, das unter den nackigen Füßen pikst, Vogel-

gesang und dem Geruch nach Frühling."

„Das stimmt", seufzte Stella. „Aber sieh dir die Tomaten an! Auf die freue ich mich schon. Unsere Tomaten sind wirklich lecker."

„Was bedeutet eigentlich lecker?", fragte Plutinchen. „Das hast du vorhin schon betont."

„Das können wir dir nur schwer erklären", antwortete Stella. „Lecker bedeutet, dass uns die Farbe der Tomate, der Duft und der Geschmack gefallen. Aber nicht jedem gefällt es. Es gibt auch Menschen, denen Tomaten nicht schmecken oder die sie nur als Tomatensoße mögen. Das ist sehr unterschiedlich."

„Das verstehe ich nicht", gab Plutinchen zu.

„Dafür kannst du sehr schnell die Inhaltsstoffe einer Tomate mithilfe deiner Sensoren herausfinden", erklärte Tom. „Du weißt sehr genau, was unsere Zungen schmecken und kennst die wissenschaftlichen Bezeichnungen für diese Stoffe. Diese Daten kannst du dann mit anderen Daten vergleichen und auch herausfinden, welche Tomaten gut sind."

„Und trotzdem weißt du nicht, wie Tomaten schmecken", sagte Stella. „Wie sich ihr

Geschmack durch Gewürze verändert, etwa durch Knoblauch oder Basilikum. Du würdest auch nicht auf die Idee kommen, sie zur Abwechslung mit ganz anderen Gewürzen zu probieren, etwa mit Schokolade oder Vanille."

„Auf diese Ideen kommen nur Menschen", sagte Tom.

„Allerdings", schnurrte die Roboterkatze. „Warum sollte ich Tomaten und Vanille zusammenmixen?"

„Weil du eine künstliche Intelligenz bist, die unglaublich viel Wissen gespeichert hat, aber nicht weiß, was lecker ist", antwortete Stella. „Selbst wenn du alle Daten über die Geschmacksstoffe hast, weißt du es nicht so, wie wir es wissen und empfinden."

„Also ergänzen wir uns", folgerte Plutinchen. „Wir sind ein Team."

„Das sind wir!", versicherte Tom.

Künstliche Intelligenz

Hoffnungen an künstliche Intelligenz

„Na? Habt ihr die Pause genossen?", fragte der Lehrer.

„Ja, wir waren im Garten spazieren", lachte Tom und schnallte sich wieder in dem Sitz fest.

„Bestimmt haben die Menschen damals nicht nur an Industrieroboter gedacht", meinte Stella. „Welche Träume, welche Ängste hatten sie?"

„Kommen wir noch einmal auf das Space Age zurück, das Raumfahrtzeitalter. So wurde die Zeit zwischen dem Ende des Zweiten Weltkriegs und dem Ende des Apollo-Programms, also zwischen 1945 und 1972 genannt", erklärte der Lehrer. „Es war die Zeit, in der viele Menschen geglaubt und gehofft haben, dass die Zukunft vor allem technischen Fortschritt und Wohlstand bringt, aber kaum Schattenseiten hat. Die Atomkraft sah man als Lösung aller Energieprobleme an."

„Aber jede Technologie hat auch eine schlechte Seite", warf Stella ein. „Jede Technologie kann auch den Menschen schaden. Das sieht man ja schon am Klimawandel. Autos mit Verbrennungsmotoren bringen uns überall hin, sind aber nicht gut fürs Klima. Also, was ist jetzt mit den Robotern und der KI in dieser Zeit?"

„In den Science-Fiction-Romanen und Science-Fiction-Filmen aus dieser Zeit spielen Roboter eine wichtige Rolle", fuhr der Lehrer fort. „Sie wurden dabei fast immer positiv dargestellt und waren Freunde der Menschen. Besonders beliebt wurde der Roboter Robby aus dem 1956 gedrehten amerikanischen Film ‚Alarm im Weltall'.

Auch Robby folgt übrigens den Roboter-gesetzen von Isaac Asimov. Im Film ist er ein hilfsbereiter Diener der Menschen, die er auch vor Gefahren beschützt."

Plutinchen-Wissen!

Ganz ähnliche Vorstellun-gen hatten auch viele Wissenschaftler. Sie waren davon überzeugt, dass die Entwicklung der künstlichen Intelligenz schnell große Fortschritte macht und die Zeit der Robotik schon bald an-bricht. Sogar Roboter, die eine echte Persönlichkeit besitzen und Gefühle haben, stellte man sich damals vor. Diese Roboter sollten die Menschen in allen Bereichen des Lebens entlasten.

„Gab es nicht auch weniger begeisterte Vorstellungen?", fragte Tom.
„Natürlich gab es die auch", erklärte der Lehrer. „1968 kam einer der besten Science-Fiction-Filme aller Zeiten in die Kinos, ,2001: Odyssee im Weltraum', gedreht von Stanley Kubrick. In dem Film ist nicht nur ein Tabletcomputer zu sehen, sondern auch ein Supercomputer mit künstlicher Intelligenz. Er heißt HAL und gilt als voll-wertiges Besatzungsmitglied. Während eines Flugs zum Jupiter unterlaufen dem

an sich zuverlässigen Computer jedoch Fehler. Daraufhin tötet er fast die ge-samte Mannschaft. Dem letzten Astro-nauten gelingt es schließlich, den Speicher von HAL zu löschen. Am Ende kann er nur noch das Kinderlied ,Häns-chen klein' singen. Seither steht HAL für eine mögliche Entwicklung der künstlichen Intelligenz, die den Menschen in tödliche Gefahr bringt."

Das Filmplakat zu dem Film „Alarm im Weltall", in dem der Roboter Robby eine Hauptrolle spielt.

Algorithmen stecken überall in KI – zum Beispiel auch in Smartphones. Schau doch mal auf Seite 54 nach.

„Hänschen klein?", wiederholte Stella. „Wahrscheinlich hat er das gesungen, weil er kein eigenes Lied komponieren konnte."

„Aber genau das konnten Computer damals längst", widersprach der Lehrer. „Zwei amerikanischen Mathematikern ist es 1957 gelungen, einen Computer so zu programmieren, dass er einen Popsong komponieren konnte. Unter dem Titel ‚Push-Button Bertha' kam er sogar in Hitparaden."

„Die Zither, die von selbst spielt", meinte Tom. „Das hat sich doch Aristoteles gewünscht."

„Ja, dieser Wunsch ist damit in Erfüllung gegangen", bestätigte der Lehrer. „Es hat allerdings über 2 000 Jahre gedauert."

„Damals gab es auch noch keine Algorithmen", behauptete Tom.

„Und ob es die gab", widersprach der Lehrer.

„Aber es gab doch gar keine Computer!", entgegnete Tom.

„Die braucht man auch gar nicht", erklärte der Lehrer. „Denn ein Algorithmus ist weiter nichts als eine eindeutige Anleitung, eine Aufgabe zu erledigen oder ein Problem zu lösen, und das Schritt für Schritt. Mit anderen Worten, auch Kochrezepte, die Bauanleitungen für Möbel oder Verträge, die erfüllt werden müssen, sind Algorithmen. Man braucht also keinen Computer."

„Orbital!", staunte Tom. „Und was bedeutet der Name? Klingt griechisch oder lateinisch."

„Ist er aber nicht. Der Begriff ‚Algorithmus' hat sich im Laufe der Zeit aus dem Namen Abu Jafar Mohammed ibn Musa Al-Khwarizmi entwickelt. Das war ein persischer Mathematiker, der ungefähr von 780 bis 850 lebte. Er hat sich mit indischen Zahlen beschäftigt und die Ziffer 0 in unser Zahlensystem eingeführt. Sein berühmtestes Buch heißt ‚Al-Khwarizmi über die indischen Zahlen'. Es ist natürlich zunächst auf Latein unter dem Titel ‚Algoritmi de numero Indorum' erschienen. Aus

Diese Statue von Abu Jafar Mohammed ibn Musa Al-Khwarizmi befindet sich in Usbekistan.

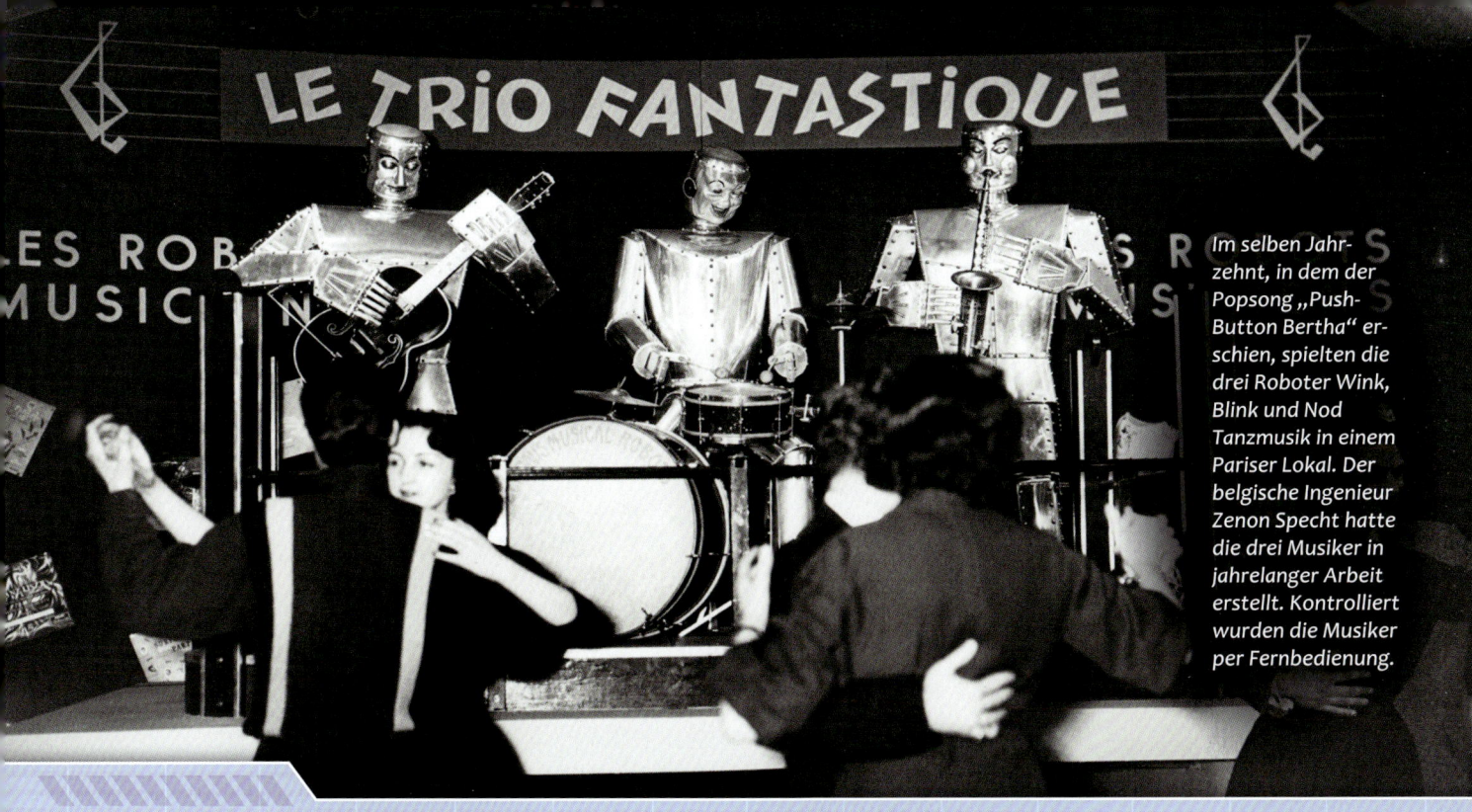

LE TRIO FANTASTIQUE

Im selben Jahrzehnt, in dem der Popsong „Push-Button Bertha" erschien, spielten die drei Roboter Wink, Blink und Nod Tanzmusik in einem Pariser Lokal. Der belgische Ingenieur Zenon Specht hatte die drei Musiker in jahrelanger Arbeit erstellt. Kontrolliert wurden die Musiker per Fernbedienung.

der lateinischen Übersetzung seines Nachnamens Algoritmi ist dann der Algorithmus geworden. Kein Wunder, denn Al-Khwarizmi hat sich mit Regeln zum Lösen von Rechen-

Auch ein Rezept ist eine genaue Anweisung – also ein Algorithmus.

Ich bin auch ein Algorithmus!

Rezept für:

♥ **Schokoladen-Eis** ♥

150 g	Schokolade
50 g	Schokoladenraspel
250 ml	Sahne, geschlagen
2 EL	Zucker
1	Ei
3	Eigelb

① Eigelb, Ei und Zucker in eine Schüssel geben und schaumig rühren.

② Schokolade auf eine warme Temperatur schmelzen, in eine Schüssel geben und gründlich unter die Eiermasse rühren.

③ Die geschlagene Sahne und die geraspelte Schokolade unterheben.

④ Die Masse nun in eine tiefkühlgeeignete Schale füllen und ...

... ab in den Gefrierschrank!

aufgaben befasst", antwortete Plutinchen. „Algorithmen, also genaue Anweisungen, wie eine Aufgabe zu erledigen ist, kann man auch in ein Computerprogramm einbauen", erklärte der Lehrer. „Der Computer erledigt dann diese Aufgabe Schritt für Schritt, ganz egal, ob es eine leichte Rechenaufgabe ist, die Suche nach Rechtschreibfehlern in einem Text oder das Erstellen einer Grafik."

Plutinchen-Wissen!

Ein Algorithmus muss natürlich die einzelnen Schritte sehr genau beschreiben und die Anzahl der Schritte muss ebenfalls genau feststehen.

„Verstehe", sagte Stella. „Ein Algorithmus ist eine genaue Anweisung. Sonst funktioniert er nicht."

„Mit so einem programmierten Algorithmus kann man also gleich loslegen", sagte Tom. „Man drückt auf Enter und die Aufgabe wird erledigt. Wie ist das bei einem künstlichen neuronalen Netz?"

„Damit kann man nicht gleich loslegen", erklärte der Lehrer, „obwohl es sich auch um Algorithmen handelt. Diese müssen erst lernen, worauf es ankommt."

„Wie kann Software lernen?", fragte Stella.

„Ein künstliches neuronales Netz ist ja ein einfaches Modell unserer Neuronen, also unserer Nervenzellen im Gehirn. Dieses Netz besteht aus mehreren Schichten miteinander vernetzter Neuronen. Die erste Schicht besteht aus Input-Neuronen. Sie erhält die erforderlichen Daten und Informationen von Sensoren oder aus Datenspeichern. Man kann sie mit unseren Sinnesorganen vergleichen, also mit Augen und Ohren."

„Und die zweite Schicht?", fragte Tom.

„Sie besteht aus verdeckten Schichten, den Hidden-Neuronen. Es können nur ein paar Schichten sein, aber auch sehr viele aus Hunderten von Neuronen. Sie leisten die eigentliche Arbeit, müssen dafür aber lernen oder trainiert werden. Zunächst bekommen sie natürlich einen Auftrag, also eine Aufgabe, die zu lösen ist. Anschließend lernen sie anhand von unzähligen Beispielen und

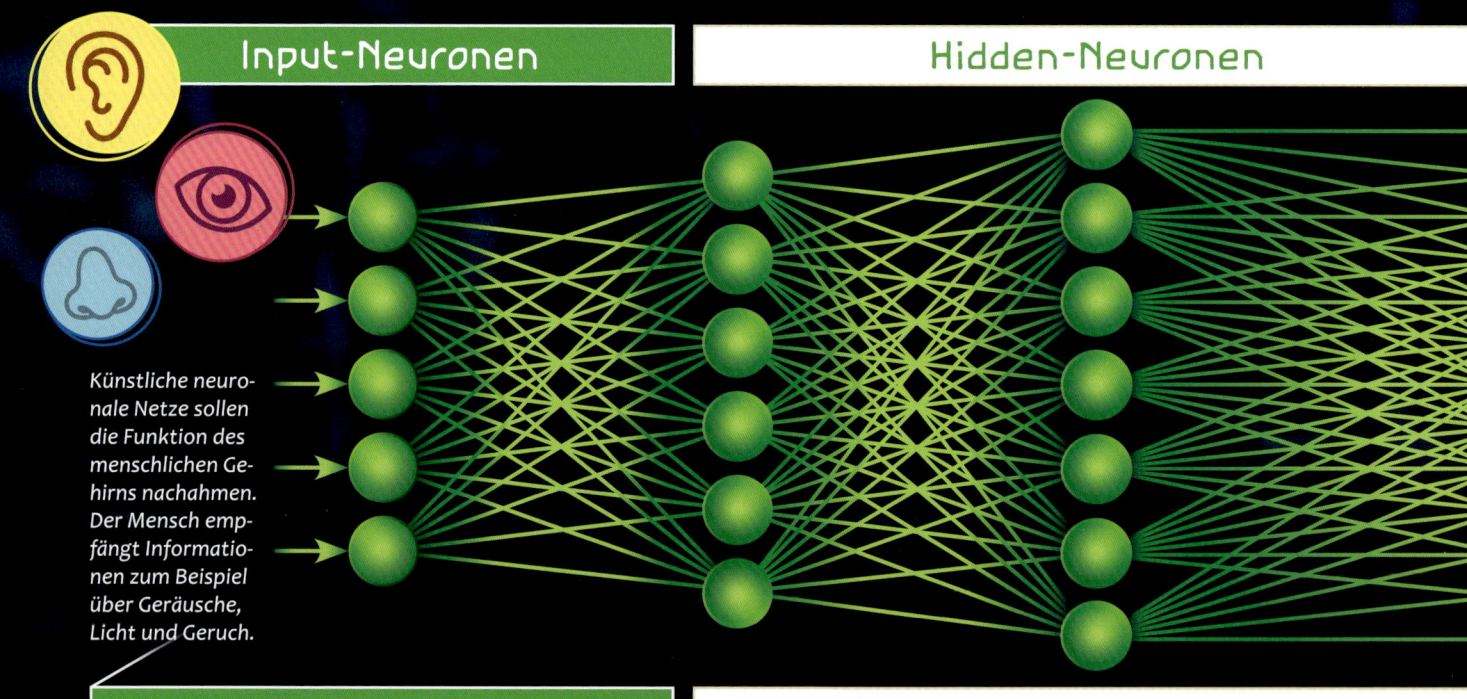

Input-Neuronen

Hidden-Neuronen

Künstliche neuronale Netze sollen die Funktion des menschlichen Gehirns nachahmen. Der Mensch empfängt Informationen zum Beispiel über Geräusche, Licht und Geruch.

Aufgabe

Deep Learning

Informationen, wie sie diese Aufgabe am besten lösen. Zum Beispiel, wie sie ein bestimmtes Gesicht erkennen und aus Tausenden von Gesichtern herausfinden können."

„Gesichtserkennung!", sagte Tom.

„Ja, so funktioniert die automatische Gesichtserkennung", sagte der Lehrer. „Da es so viele übereinanderliegende Schichten gibt, nennt man den Lernvorgang auch Deep Learning. Wenn die verdeckten Schichten ausreichend trainiert sind, dann können sie die gestellten Aufgaben übernehmen und leiten die Ergebnisse an die Output-Neuronen weiter, die auch Ausgabeschicht genannt werden. Dort werden dann die Ergebnisse eingesetzt."

Deep Learning ist ein Teilbereich des maschinellen Lernens, was wiederum eine Form künstlicher Intelligenz ist.

Künstliche Intelligenz

Maschinelles Lernen

Deep Learning

Plutinchen-Wissen!

Die Ergebnisse eines solchen künstlichen neuronalen Netzes tragen etwa dazu bei, ein selbstfahrendes Auto zu lenken. Dank Deep Learning haben nämlich der Computer und dessen Sensoren gelernt, andere Autos, Fußgänger und Verkehrszeichen zu erkennen und von anderen Dingen zu unterscheiden.

„Auch wenn noch immer darüber diskutiert wird, was genau denn eigentliche künstliche Intelligenz ist, so steht fest, dass diese lernenden Systeme auf jeden Fall dazugehören", stellte der Lehrer fest. „Das gilt auch für das Machine Learning. Dabei lernen Algorithmen sogar, noch unbekannte Daten und Muster zu erkennen. So oder so, ein einfacher Algorithmus im Computer ist so intelligent wie ein Kochrezept. Nur ein lernfähiges System kann man intelligent nennen."

Output-Neuronen

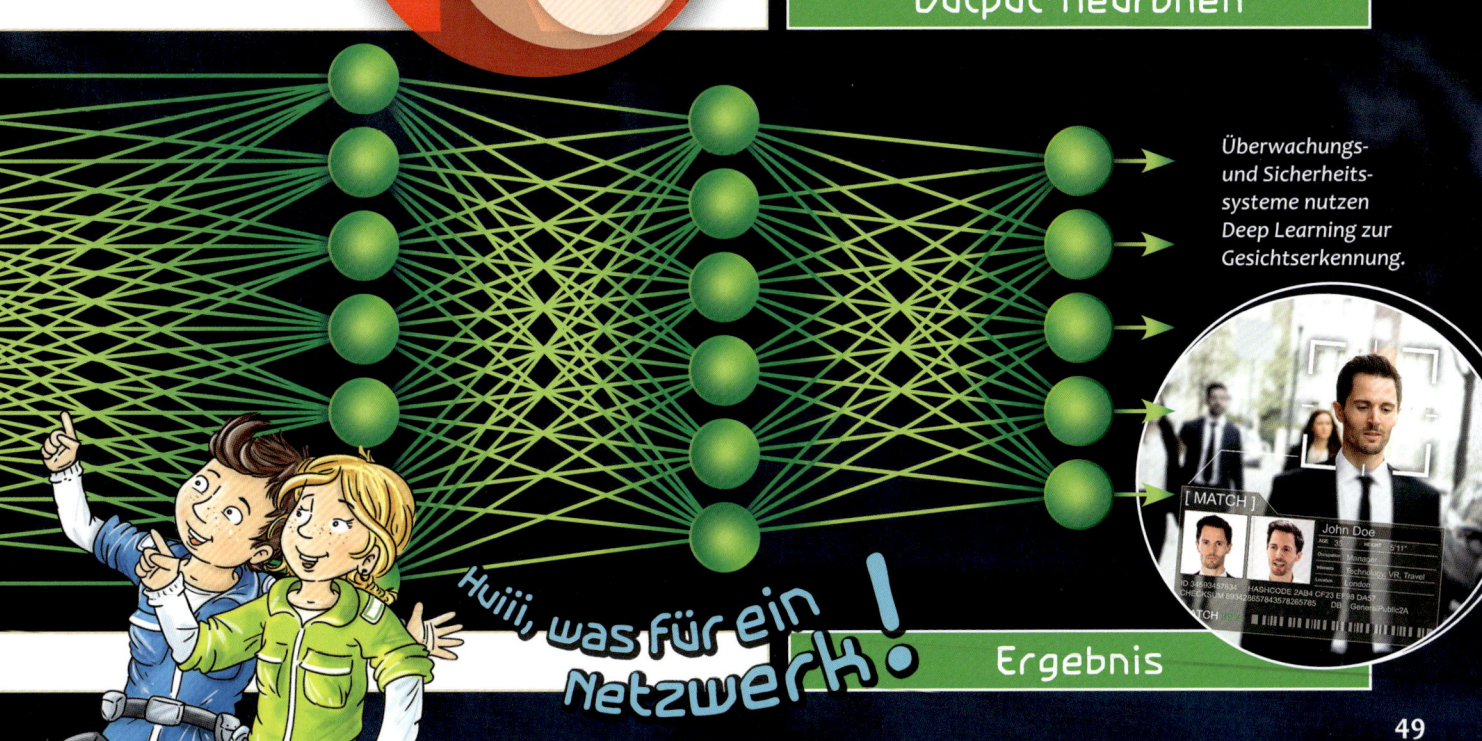

Überwachungs- und Sicherheitssysteme nutzen Deep Learning zur Gesichtserkennung.

Huiii, was für ein Netzwerk!

Ergebnis

49

„Na klar, richtig gute Roboter brauchen natürlich künstliche Intelligenz", sagte Tom. „Sie müssen lernfähig sein, wenn sie wirklich unsere Partner sein sollen."

„Dazu zählen aber nicht nur Roboter wie Plutinchen, die Tieren oder Menschen nachgebildet sind", erklärte der Lehrer, „sondern auch manche Raumsonden und Rover, die andere Planeten erforschen. Da die Funksignale von der Erde sehr lange unterwegs sind, ist es besser, wenn diese Roboter manche Entscheidungen selbst treffen können."

Plutinchen-Wissen!

Der erste Rover auf dem Mars war Sojourner, der 1997 auf dem Mars abgesetzt wurde. Er war so groß wie ein Schuhkarton. Der Rover Curiosity landete 2012 und war so groß wie ein Kleinwagen. Diese und andere Rover haben lange Zeit den Mars erforscht, ohne dass Menschen dort gelandet waren.

„Hier auf der Erde gibt es auch selbstfahrende Fahrzeuge ", gab Stella zu bedenken. „Die fahren dann wie ein Marsrover

1997 SOJOURNER

Der Rover Sojourner landete auf dem Mars in der Ares Vallis. Er war in einer pyramidenförmigen Landefähre verpackt, die durch Airbags geschützt auf dem Boden aufschlug.

2012 CURIOSITY

Curiosity kam in einem Krater auf, in dessen Mitte sich ein Berg befindet. Der Rover untersuchte, aus welchem Material der Berg besteht Dazu hat er einen Bohrer, mit dem er Gesteinsproben entnehmen kann.

vollautomatisch. Niemand sitzt am Steuer."
„Ganz genau", nickte der Lehrer. „Ein
solches Fahrzeug muss sich ja so verhalten,
als würde es von einem Menschen gelenkt
werden. Also muss es auch Intelligenz
besitzen. Denn künstliche Intelligenz ahmt
ja menschliche Intelligenz nach. So ein
Fahrzeug braucht natürlich auch Sinnes-
organe, um die Straße und den Verkehr
zu erkennen. Diese Aufgabe übernehmen
Sensoren, die den Abstand zu anderen
Autos messen, Fußgänger und Schilder
erkennen können. Die von den Sensoren gesammelten Daten werden von
einem Computer verarbeitet, der die
Ergebnisse nutzt, um das Auto zu
lenken.
„Natürlich gibt es auch mit autonomen
Autos Unfälle", erklärte der Lehrer.
„Sie können versagen wie jede Technik.
Am Anfang der Entwicklung gab es eine
Menge Probleme.

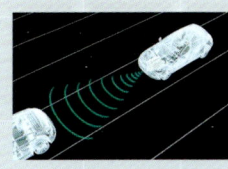

ZUKUNFT

Noch fahren selbstfahrende Autos nur im Testbetrieb.

Vielleicht sehen Autos in Zukunft so aus. Möglicherweise haben sie nicht mal mehr ein Lenkrad!

Plutinchen-Wissen!

Autonome Autos können mit anderen Autos Daten über die Verkehrslage austauschen und Routen wählen, auf denen es keine Staus gibt. Außerdem kann jeder so ein Auto benutzen, also auch Menschen ohne Führerschein. Dank derartiger Entwicklungen braucht man eigentlich auch kein eigenes Auto mehr, sondern bestellt sich einfach per App ein Fahrzeug. Das spart Energie und CO_2. Natürlich nur, wenn die Energie aus erneuerbaren Quellen stammt.

„Künstliche Intelligenz kann also viele technische Aufgaben übernehmen", fasste Stella zusammen. „Aber kann sie auch etwas Neues entdecken?"

„Ja, künstliche Intelligenz kann auch bei der Forschung helfen", antwortete der Lehrer.

Plutinchen-Wissen!

Künstliche Intelligenz hilft Wissenschaftlern und Managern von großen Unternehmen. Ohne künstliche Intelligenz wäre es viel schwerer, Prognosen für das Klima oder die Entwicklung einer Fabrik zu erstellen. Überall, wo viele Daten im Spiel sind, wird künstliche Intelligenz eingesetzt.

Mithilfe von Erdbeobachtung und KI können Klimaforscher unterstützt werden, zum Beispiel bei der Vorhersage von Extremwetterereignissen.

Informationen über KI und Medizin findest du auf Seite 60!

KI verbraucht große Mengen an Energie; deshalb ist es gerade für den Klimaschutz von großer Bedeutung, dass die Nutzung von KI nachhaltig ist.

„Bei der Klimaforschung?", fragte Stella. „Allerdings", fuhr der Lehrer fort. „Für die Klimaforschung ist es sehr wichtig, Wälder und Äcker mit Satelliten zu beobachten. So erhält man Aufschlüsse über das Wachstum der Pflanzen oder Wassermangel. Doch was ist, wenn Wolken die Sicht versperren? Für eine künstliche Intelligenz ist es kein Problem, die Wolken aus den Satellitenfotos verschwinden zu lassen. Stattdessen sieht man die Landschaft, perfekt berechnet von der künstlichen Intelligenz."

„Was ist mit anderen Wissenschaftlern?", fragte Tom.

„Ein gutes Beispiel sind die Materialforscher, die neuartige Stoffe entwickeln", antwortete der Lehrer. „Dazu können sie natürlich im Labor einen Stoff nach dem anderen testen. Das kann aber viele Jahre

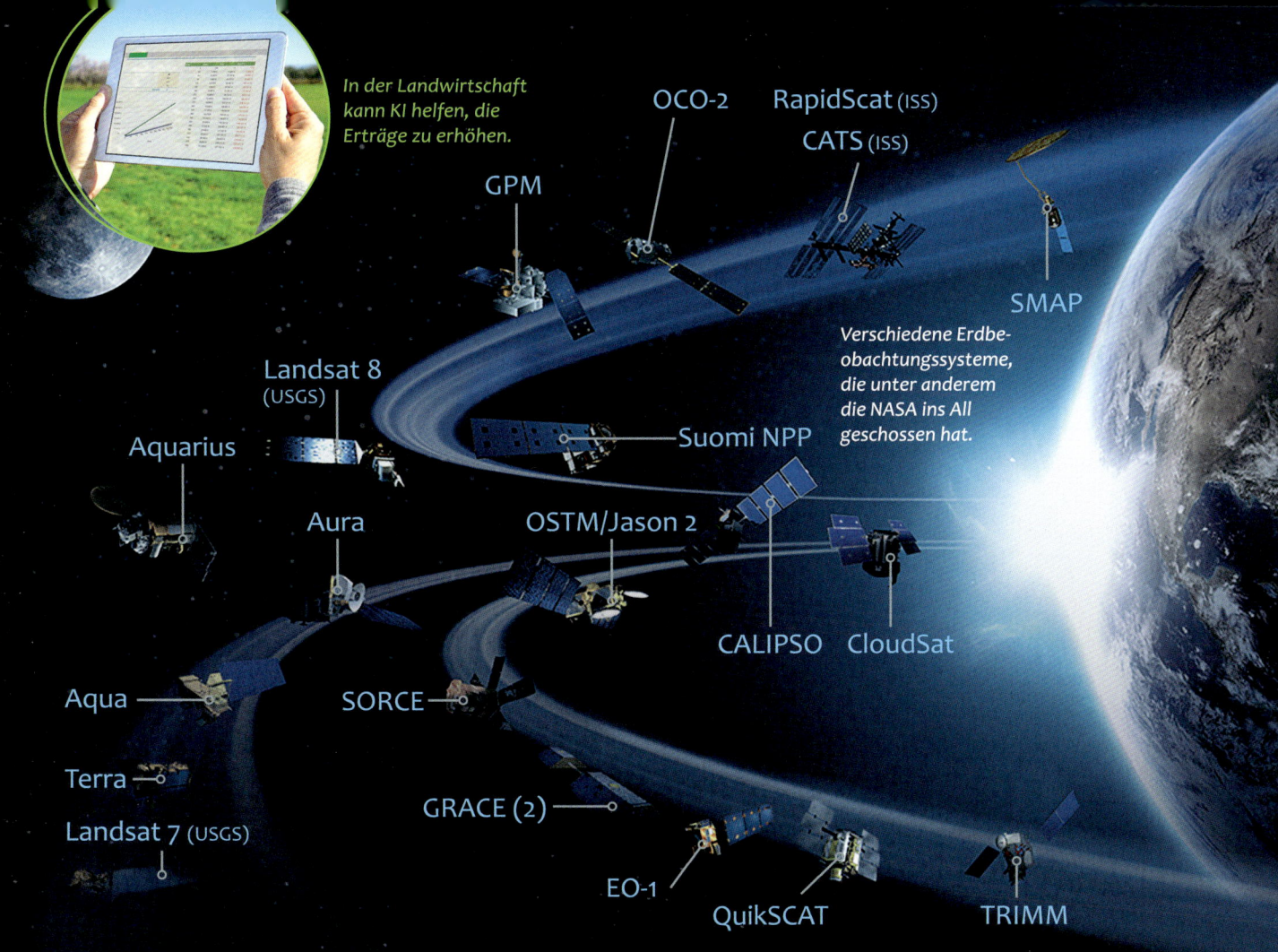

In der Landwirtschaft kann KI helfen, die Erträge zu erhöhen.

OCO-2 RapidScat (ISS)

CATS (ISS)

GPM

SMAP

Verschiedene Erdbe-obachtungssysteme, die unter anderem die NASA ins All geschossen hat.

Landsat 8 (USGS)

Aquarius

Suomi NPP

Aura

OSTM/Jason 2

CALIPSO CloudSat

Aqua

SORCE

Terra

GRACE (2)

Landsat 7 (USGS)

EO-1

QuikSCAT

TRIMM

dauern, bevor der Stoff dann die gewünschten Eigenschaften besitzt."

„Und Computersimulationen?", fragte Tom. „Herkömmliche Programme können natürlich die Eigenschaften von neuartigen Materialien berechnen", erklärte der Lehrer. „Doch auch das kann sehr lange dauern, da der Computer sämtliche Möglichkeiten durchspielt. Eine künstliche Intelligenz kann hingegen gezielt nach Materialien suchen, die über die gewünschten Eigenschaften verfügen. Ungeeignete Stoffe werden erst gar nicht im Rechner getestet. Die Ergebnisse liegen also sehr schnell vor und können dann im Labor überprüft werden."

„Und wie sieht es mit der Erforschung des Weltraums aus?", fragte Stella.

„Auch da hilft die künstliche Intelligenz", antwortete der Lehrer. „Etwa wenn Astronomen Fotos auswerten, die große Teleskope gemacht haben. Das dauert im Allgemeinen sehr lang, da die Astronomen nach bestimmten Sternen mit bestimmten Eigenschaften suchen. Eine künstliche Intelligenz ist rund zehn Millionen Mal schneller als bisherige Verfahren. Das spart Zeit und Geld."

„Die künstliche Intelligenz beschleunigt also unsere Forschung", stellte Tom fest.

Anwendung von künstlicher Intelligenz

Smart Speaker und andere Sprachsysteme

„Alle Systeme arbeiten einwandfrei", hallte plötzlich eine Computerstimme durch die Raumstation.

„Na klar!", rief Stella. „Auch in vielen sprechenden Geräten ist künstliche Intelligenz zu finden."

„Sehr gut!", lobte der Lehrer. „Sehr viele Menschen haben heute einen Smart Speaker, also eine kleine Box, die mit einem intelligenten persönlichen Assistenten (IPA) ausgestattet ist. Diese Software muss die Stimme eines Menschen erkennen können und sie auch verstehen. Sie muss die Aussagen und Befehle eines Menschen richtig deuten. Das geht am besten mit künstlicher Intelligenz."

„Na klar", lächelte Tom. „Wenn ich mir ein autonomes Auto als Taxi bestelle, möchte ich doch nicht vom Postboten ein Spielzeugauto überreicht bekommen."

Ein Smartphone – wie der Name schon sagt, ein intelligentes Telefon. Auch hier ist KI enthalten, zum Beispiel um Strom zu sparen und die Akkulaufzeit zu verlängern.

Wie so oft geht es bei der künstlichen Intelligenz um das Erkennen von Mustern. In diesem Fall sind es Sprachmuster. Bei der Gesichtserkennung mittels Kameras sind es optische Muster, etwa der Abstand der Augen oder die Form der Ohren. Das Erkennen dieser Muster muss die Software erst lernen, bevor sie richtig gut ist.

Plutinchen-Wissen!

„Heute haben wir eine Vielzahl sprachgesteuerter Geräte", erklärte der Lehrer. „An erster Stelle natürlich das Smart Phone, dann kommen Computer und Fernseher, Autos und ..."

„... Raumschiffe", lachte Tom.

„Und Roboter", ergänzte Stella mit einem Blick auf Plutinchen.

„Selbstverständlich", stimmte der Lehrer zu. „Nicht vergessen dürfen wir die Produktion in unseren modernen Fabriken. Dort sind längst viele Maschinen sprachgesteuert. Wir sprechen immer mehr mit

Um immer fitter zu werden, müssen auch Smart Speaker auf eine große Menge an gesammelten Daten zugreifen.

Ein Smart Speaker ist ein Lautsprecher, der mit dem Internet verbunden ist. Am meisten wird dieses Gerät genutzt, um mittels Sprachsteuerung Musik abzuspielen und Geräte im Haushalt zu steuern.

unseren Maschinen und Geräten und erwecken sie damit bis zu einem gewissen Grad zum Leben. Diese Entwicklung hat natürlich viele Vorteile, aber auch ein paar Nachteile. Nämlich welche?"

„Na ja, einige Menschen könnten ihre intelligenten Assistenten oder ihre Geräte tatsächlich für lebendig halten und sie auch so behandeln. Dabei sind sie ja Maschinen, die von einer Software gesteuert werden."

„Stimmt", freute sich der Lehrer. „Wenn dann der Smart Speaker plötzlich nicht mehr funktioniert, sind die Besitzer traurig oder

wissen nicht mehr, wie man ohne seinen Assistenten etwas im Internet bestellt."

„Die Menschen werden abhängig", stellte Tom fest. „Das kann aber nicht das Ziel sein. Die sprachgesteuerten Assistenten sollen doch eine Art Partner sein."

„Ja, das ist das eigentliche Ziel", sagte der Lehrer.

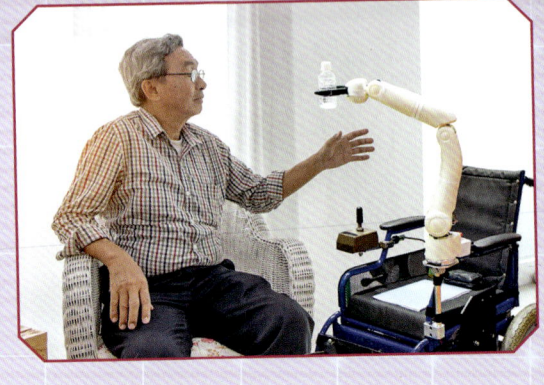

Vielleicht sieht so einmal die Zukunft in einem Pflegeheim für alte Menschen aus?

„Die Automatisierung unserer Fabriken und die Robotik sind ohne künstliche Intelligenz gar nicht vorstellbar", fuhr der Lehrer fort. „Eine KI steuert die kompliziertesten Produktionsanlagen und erkennt dank vieler Sensoren rechtzeitig jeden Fehler. Die KI weiß sogar vorher, wann eine Maschine ausfallen wird. Auf diese Weise werden Rohstoffe und Energie gespart."

„Aber wir haben doch nicht nur Roboter in Fabriken", gab Tom zu bedenken, „sondern auch in Handwerksbetrieben oder in Haushalten."

„Auch das ist richtig", sagte der Lehrer. „Und sehr oft bilden Roboter und Menschen in Fabriken oder Handwerksbetrieben ein Mensch-Maschine-Team. Mensch und Roboter arbeiten also eng zusammen und ergänzen sich."

„Coboting!", rief Stella. „Das heißt Coboting!"

„Und dabei geht es erneut ums Lernen", fuhr der Lehrer fort. „Beim Coboting müssen beide Partner lernen: der Roboter und der Mensch. Nur so klappt die Zusammenarbeit."

„Die Roboter sind nicht immer humanoide Roboter, also Roboter in Menschengestalt, sondern sehr oft nur Roboterarme, die etwa ein Bauteil festhalten und drehen, damit es der Mensch besser bearbeiten kann. Gerade für Handwerksbetriebe kann diese helfende Roboterhand sehr nützlich sein", meinte Plutinchen.

„Das gilt auch für den ganzen Pflegebereich", ergänzte der Lehrer. „Dort können Roboter eingesetzt werden, um dem Pflegepersonal zu helfen. Die Roboter heben die Menschen aus den Betten oder Gegenstände auf, die den Pflegebedürftigen auf den Boden gefallen sind. Sie bringen Getränke und kümmern sich um den Abfall. So entlasten sie die Pflegenden, die so mehr Zeit für Gespräche mit den Menschen haben."

Sensoren, die sich unter dem Fell des Roboters Paro befinden, reagieren auf Berührungen.

PARO

Plutinchen-Wissen!

Bei der Pflege von älteren Patienten, die unter Demenz leiden, also dem Verlust ihres Gedächtnisses und anderer Gehirnfunktionen, kommt die Roboter-Robbe Paro zum Einsatz. 2020 waren weltweit schon 4 000 in den Heimen im Einsatz. Paro besitzt künstliche Intelligenz und gibt den Patienten das Gefühl, weniger einsam zu sein. Paro reagiert auf Streicheln und Berührungen.

Kocht in Zukunft vielleicht ein Roboter unser Mittagessen? Hoffentlich räumt er danach auch die Küche wieder auf!

Vor allem in China sind Serviceroboter in Restaurants schon im Einsatz.

„Mich hat auch schon mal ein Roboter bedient", wusste Stella. „In einem Restaurant." „Einen solchen Roboter nennt man Serviceroboter", erklärte der Lehrer. „Sie bedienen nicht nur, sie helfen auch in der Küche, schneiden Gemüse oder holen Zutaten aus dem Lager. Nicht nur in Japan gehören Roboter, die Sushi herstellen, längst zum Alltag. Allerdings verfügt nicht jeder über künstliche Intelligenz, denn die ist für einfache Arbeiten gar nicht erforderlich. Ist die Aufgabe kompliziert und anspruchsvoll, braucht man jedoch künstliche Intelligenz." „Auch viele dieser Roboter sind natürlich sprachgesteuert und lernfähig. Die menschlichen Partner brauchen sie also nicht aufwendig zu programmieren, sondern zeigen und erklären ihnen, was zu tun ist. Nur so sind sie eine echte Hilfe", ergänzte Plutinchen.

Paro ist so programmiert, dass er nur tagsüber aktiv ist.

Mithilfe von KI kann dieser Mähroboter Igel als Hindernis erkennen.

„Das gilt auch für das Smart Home, das intelligente Haus", fuhr der Lehrer fort. „In einem solchen Haus arbeiten auch Roboter. Sehr lange etwa schon Saugroboter. Mähroboter im Garten sind übrigens nur gut, wenn sie mit künstlicher Intelligenz ausgestattet sind. Dann erkennen sie etwa Igel und töten weniger Insekten."

„Und natürlich der Personal Roboter", wusste Tom. „Der kann noch viel mehr als ein Smart Speaker. Der nimmt nicht nur Befehle entgegen, sondern führt sie auch noch umgehend selbst aus."

„So einen persönlichen Roboter kennt ihr natürlich", lachte der Lehrer. „Er ist eine Art mechanischer Butler oder Diener, der sich um viele Aufgaben kümmert. Doch er ist in einem Smart Home nicht allein, sondern tauscht ständig Daten mit der Heizung, den Haushaltsgeräten, den Solarzellen auf dem Dach oder dem Auto aus."

Plutinchen-Wissen!

Diese Vernetzung der Geräte wird Internet of Things genannt, das Internet der Dinge. Durch den Austausch der Daten sollen Fehler vermieden und Energie gespart werden. Eine intelligente Heizung weiß, wann gelüftet wird oder Menschen im Haus sind. Sie heizt nur dann, wenn es wirklich erforderlich ist und keine Energie verschwendet wird.

Hilfe im Haushalt – vielleicht übernehmen Haushaltsroboter in Zukunft das Wäschewaschen?

„Unterstützt wird das Smart Home dabei durch eine eigene Energieversorgung durch Solarzellen auf dem Dach oder durch Strom, der von Smart Grids geliefert wird."

„Smart Grids?", fragte Tom.

„Das sind intelligente Stromnetze", antwortete der Lehrer, „also Stromnetze, die mit künstlicher Intelligenz betrieben werden. Diese weiß, wo gerade viel Energie erzeugt wird, etwa wenn es sehr windig ist und sich die Windräder schnell drehen. Dann sorgt die künstliche Intelligenz dafür, dass möglichst viele Maschinen laufen. Im Smart Home könnte das die Waschmaschine sein. Steht wenig Energie zur Verfügung, muss die Wäsche warten."

„Ein Smart Grid steuert also den Energieverbrauch."

Der Roboter Temi auf einer Messe in Spanien. Er ist ein Tablet auf Rollen mit Lautsprecherfunktion.

„Ja, so ist es", stimmte der Lehrer zu. „Die künstliche Intelligenz kümmert sich um eine optimale Verteilung der Energie an alle Verbraucher. Da die gesamte digitale Elektronik selbst viel Energie verbraucht, lohnt sich der Einsatz von künstlicher Intelligenz nur, wenn sie den Energieverbrauch senkt."

„Meine Mutter hat schon mal mitten in der Nacht ein Brot gebacken", wusste Stella zu berichten. „Weil unser Smart Home den Brotbackautomaten in der Nacht angeschaltet hat."

„Das sind natürlich Möglichkeiten, die es früher nicht gegeben hat", sagte der Lehrer. „So werden derzeit Roboterarme entwickelt, die etwa beim Kochen helfen. Mit ihnen zusammen geht es dann schneller und einfacher."

„Die kenne ich auch", nickte Tom. „Dadurch könnten viele Menschen auf Fertiggerichte verzichten und wieder selber kochen."

Staubsaugerroboter können auch ohne KI eine Wohnung von Staub und Krümeln befreien.

Mithilfe einer Magnetresonanztomografie (MRT) des Schädels lassen sich Erkrankungen feststellen.

Auch bei der Auswertung von MRT-Aufnahmen kann KI eine Hilfe sein. Sie kann zum Beispiel die Auswertung der Bilder beschleunigen oder die Qualität der Bilder verbessern.

„Was ist mit der Medizin?", fragte Stella. „Wenn man zum Arzt geht, kommt doch künstliche Intelligenz zum Einsatz."

„Ja, inzwischen arbeiten viele Mediziner mit intelligenten Systemen, vor allem in der Diagnose, also der Ermittlung und Feststellung einer Krankheit."

„Künstliche Intelligenz kann Ärzte unterstützen", wusste Tom. „Da geht es wieder um das Erkennen von Mustern."

„Allerdings", stimmte der Lehrer zu. „Ein Computerprogramm kann nämlich die Krankheitssymptome mit denen unzähliger anderer Patienten vergleichen und so eine

Krankheit schnell erkennen. Natürlich entscheidet der Computer nicht allein, aber er ist eine große Hilfe für den Arzt."

Plutinchen-Wissen!

KI hilft, *auf einer Aufnahme, die ein Computertomograf gemacht hat, einen Tumor zu erkennen. Computertomografen sind eine Art Röntgengerät, nur mit viel besseren Aufnahmen. Dazu vergleicht das Programm die aktuellen Aufnahmen mit vielen gespeicherten Aufnahmen. Je mehr Aufnahmen gespeichert sind, umso schneller ist die KI.*

„Selbst Hörgeräte kann die künstliche Intelligenz verbessern", sagte der Lehrer. „Wenn sich ein Hörgeschädigter in einer großen Menschenmenge mit jemandem unterhält, dann filtert die KI die Hintergrundgeräusche heraus. Trotz der vielen Stimmen im Umfeld kann der Hörgeschädigte dem Gespräch gut folgen. Im Jahr 2020 wurde mit der Erprobung derartiger Hörgeräte begonnen."

„Künstliche Intelligenz hilft aber auch bei vielen Laboruntersuchungen, indem sie die Geräte steuert und die Untersuchungsergebnisse mit anderen Ergebnissen vergleicht", ergänzte der Lehrer. „So werden die Laborärzte entlastet und können sich auf andere Aufgaben konzentrieren."

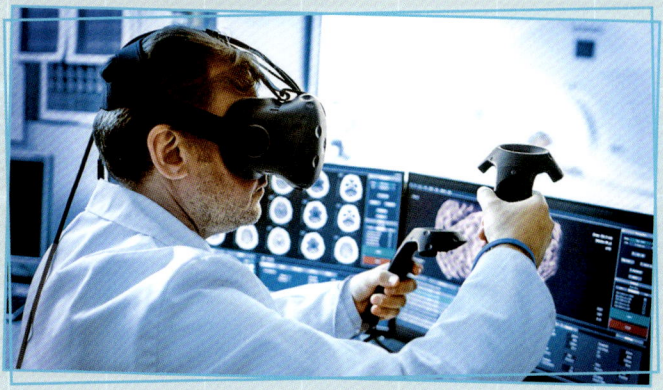

Mithilfe einer solchen Virtual-Reality-Brille, also einer durch den Computer künstlich erzeugten Welt, lassen sich Operationen üben.

Plutinchen-Wissen!

Sogar bei Operationen kann die künstliche Intelligenz helfen. Sie kann Bilder aus Computertomografen deuten und selbst kleine Tumore finden.

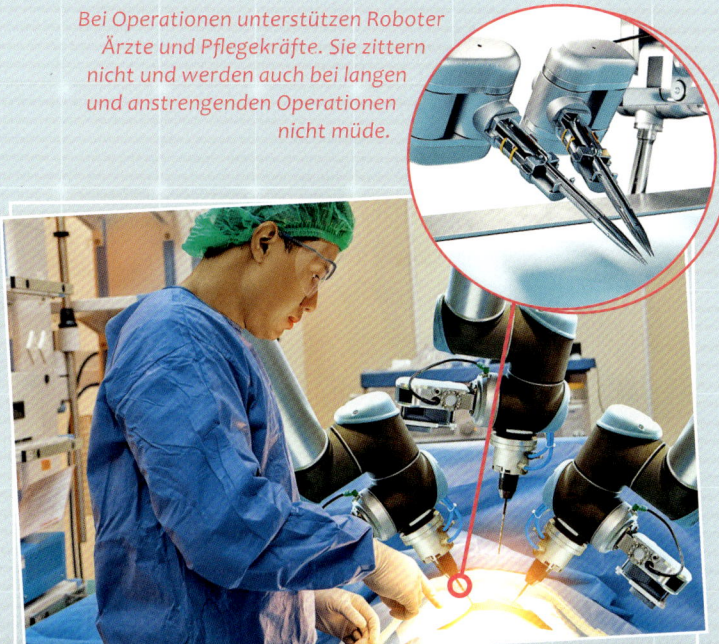

Bei Operationen unterstützen Roboter Ärzte und Pflegekräfte. Sie zittern nicht und werden auch bei langen und anstrengenden Operationen nicht müde.

„In Operationssälen sind natürlich auch Roboter zu finden, die den Chirurgen helfen", fuhr der Lehrer fort. „Der Chirurg führt dann das Skalpell oder den Laser nicht mehr selber mit der Hand, sondern überlässt diese Aufgabe einem Roboterarm. Der zittert niemals und führt sehr genaue Schnitte durch. Auch nach mehrstündigen Operationen wird der Roboterarm nicht müde. Vor allem bei minimalinvasiven Operationen leisten die Roboter gute Arbeit."

„Minimalinvasiv bedeutet, dass nur kleine Öffnungen in den Körper geschnitten werden, durch die dann Schläuche, Sonden und Minikameras eingeführt werden. Operiert wird dann mit ferngesteuerten Instrumenten", fügte Plutinchen hinzu.

Zukunft der künstlichen Intelligenz

Werden Computer Autoren und Künstler ersetzen?

KI kann Bilder malen, die auf Auktionen hohe Preise erzielen.

„Aber wie sieht es mit der Arbeit von Künstlern aus?", fragte Stella. „Kann künstliche Intelligenz auch dichten, komponieren oder Bilder malen?"

„Bestimmt nicht!", meinte Tom.

„Doch, das kann sie", widersprach der Lehrer. „Natürlich nicht genauso wie ein Mensch mit Gefühlen, aber die Ergebnisse sind dennoch erstaunlich. Bereits 1959 hat der deutsche Informatiker Theo Lutz einen Computer Gedichte schreiben lassen. Die Wörter hat er dabei zufällig ausgewählt. Heute schreiben Programme sogar Erzählungen und Drehbücher für Filme. Auch Zeitungen setzen besondere Schreibprogramme ein, die Texte automatisch verfassen. Die Art des Schreibens wird Roboterjournalismus genannt. Vor allem Börsen- und Sportnachrichten werden so von Computern erzeugt. Menschliche Journalisten mit ihrem Gespür für spannende Geschichten und gute Fragen können die Programme allerdings nicht ersetzen."

Plutinchen-Wissen!

Andere Programme komponieren Musik. Und keineswegs nur Popmusik, sondern sogar klassische Musik. Der Musikcomputer Iamus komponierte 2010 sein erstes Werk für ein großes Orchester. Gespielt wurde es aber von menschlichen Musikern, die von der Komposition mit dem Namen Opus one begeistert waren. Seitdem sind viele Werke hinzugekommen. Für eine Komposition benötigt Iamus etwa acht Minuten.

„Da hat der Mensch ja ganz schön Konkurrenz bekommen", meinte Stella.

„Das schon", sagte der Lehrer. „Aber so gut die Programme auch sind, sie können den Menschen nicht vollständig ersetzen. Außerdem gibt es noch etwas, das ein Programm in keiner Weise beherrscht, das jedoch für einen Musiker sehr wichtig ist: der Spaß. Es macht Spaß, Musik zu machen. Schon das ist Grund genug, sie nicht Maschinen zu überlassen. Und das gilt auch für andere Künste, etwa für die Malerei."

„Malende Computer?", staunte Tom.

„Eines der ersten Programme war Painting Fool, das 2006 entwickelt wurde. Heute gibt es zahlreiche Programme, die einen eigenen Stil haben oder so malen wie berühmte Künstler. Sie verwenden Drucker oder Roboterarme, die Farbe auf eine Leinwand auftragen", antwortete der Lehrer. „Und warum gibt es dann noch Menschen, die Künstler und Autoren sind?", fragte Stella.

„Weil die Programme inzwischen zwar eine Menge können, aber eben nur auf bekannten Daten aufbauen. Sie können ähnlich komponieren wie Mozart und ähnlich malen wie Picasso. Aber etwas ganz Neues erschaffen, einen neuen Stil, das können sie nicht. Außerdem fehlen ihnen die menschlichen Gefühle, die so wichtig für alle kreativen Arbeiten sind. Ihnen macht es keinen Spaß, uns schon."

Das Programm DeepBach erzeugt Choräle, die klingen, als hätte Johann Sebastian Bach sie komponiert. Das Programm untersucht Kompositionen, erkennt Regeln und ahmt diese dann nach.

Ein Roboterarm spielt Klavier.

Dieser Roboter hat Lippen, die denen eines Menschen nachgebildet sind. So kann er Trompete spielen.

6. Stunde – Gefahren durch künstliche Intelligenz

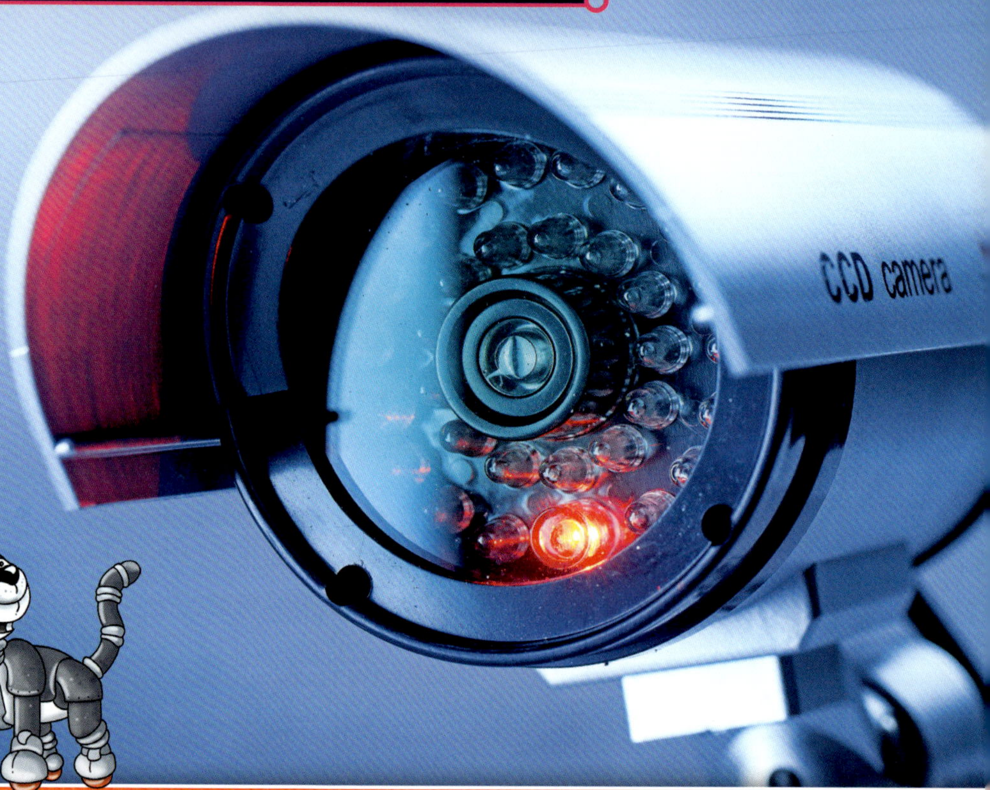
CCD camera

Überwachungskameras sind weit verbreitet. Auch an Schulen hängen solche Geräte.

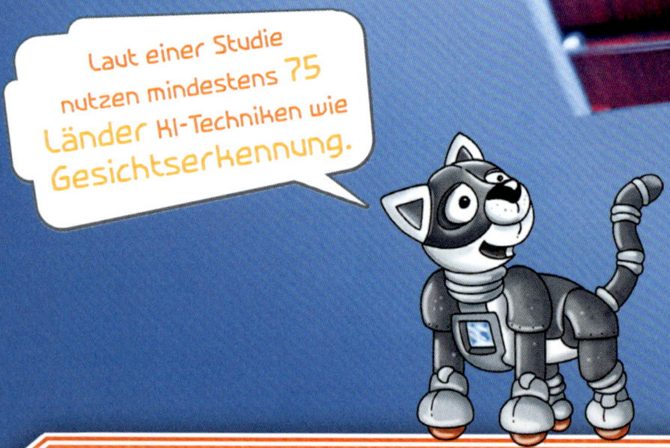
Laut einer Studie nutzen mindestens 75 Länder KI-Techniken wie Gesichtserkennung.

„Das hört sich ja alles sehr gut an“, meinte Tom. „Aber soweit ich weiß, lauern auch Gefahren bei der Anwendung von künstlicher Intelligenz.“

„Das ist richtig“, bestätigte der Lehrer. „Das gilt ja für jede Technik. Mit einem Messer kann man die tollsten Gerichte zubereiten. Aber man kann damit auch einen Menschen töten.“

„Technik und Maschinen haben zwei Seiten“, meinte Stella.

„Mit der künstlichen Intelligenz kann man zum Beispiel auch Menschen überwachen“, erklärte der Lehrer. „Wenn jede Straße, jeder Bahnhof und jedes Geschäft mit Videokameras kontrolliert wird, kann man mithilfe der Gesichtserkennung einen Menschen schnell identifizieren. Man weiß also, wer dieser Mensch ist. Man kann ihn verfolgen und sein Verhalten erkennen. Man weiß, was er kauft, wo er wohnt und mit wem er spricht. Ja, man kann sogar vorausberechnen, was ein Mensch höchstwahrscheinlich tun wird. Diese Möglichkeit nutzen nicht nur diktatorische Staaten, sondern auch Konzerne.

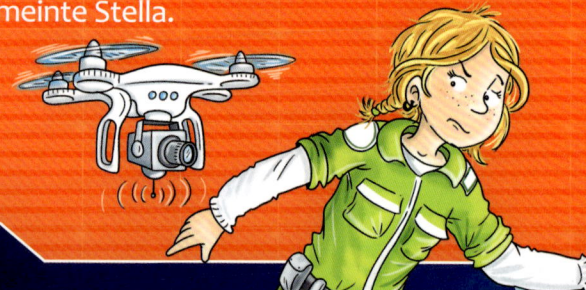

Sie beobachten etwa das Kaufverhalten einer Person im Internet und schicken ihr dann gezielt Werbung zu."

„Das ist ja die totale Überwachung!", empörte sich Stella.

„Deshalb müssen wir alle darauf achten, dass die künstliche Intelligenz nicht gegen den Menschen eingesetzt wird, um ihn in jeder Sekunde seines Lebens zu kontrollieren."

ÜBERWACHTES OBJEKT

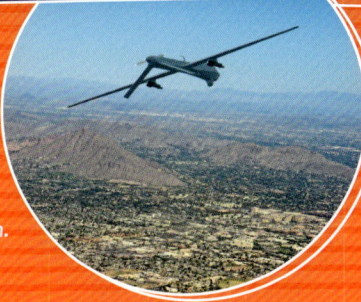

Drohnen, die vom Militär eingesetzt werden, dienen oft der Überwachung. Sind sie aber bewaffnet, dann ist ihr Einsatz umstritten.

Plutinchen-Wissen!

Wenn wir intelligenten Programmen wichtige Entscheidungen überlassen, können sie Fehlentscheidungen treffen. Denn jede Technik kann sich irren oder kaputtgehen. Künstliche Intelligenz wird auch schon eingesetzt, wenn sich Menschen bei einer Firma vorstellen. Sie kann zum Beispiel Bewerbungsunterlagen sichten und so entscheiden, wer den Arbeitsplatz bekommt. Künstliche Intelligenz entscheidet auch, wer einen Kredit bekommt oder welche Aktien verkauft werden.

„Wir müssen also aufpassen, dass wir die künstliche Intelligenz richtig und zum Nutzen aller Menschen einsetzen", sagte Stella. „Ja, das ist eine Aufgabe für alle Menschen", betonte der Lehrer. „Nur dann wird uns die künstliche Intelligenz bei der Lösung vieler Probleme helfen. Auch die militärische Anwendung von künstlicher Intelligenz dürfen wir nicht vergessen. Es gibt etwa Drohnen und selbstfliegende Kampfflugzeuge, die auch dazu in der Lage sind, eigene Entscheidungen zu treffen. Dabei können sie natürlich auch Fehler machen und zur Gefahr für Unbeteiligte werden."

Mithilfe von künstlicher Intelligenz lassen sich Menschen im öffentlichen Raum schnell erkennen. In China, den USA, aber auch schon in einigen europäischen Staaten gehört das zum Alltag der Menschen.

6. Stunde – Wie sieht die Zukunft der künstlichen Intelligenz aus?

„Wenn die künstliche Intelligenz heute schon so viel kann, was ist dann in Zukunft noch alles möglich?“, fragte Stella.
„Sie wird vor allem eines“, antwortete der Lehrer, „nämlich weiterhin sehr viele Arbeiten oder Vorgänge stark beschleunigen. Das betrifft vor allem die Forschung und die Herstellung von Waren. In der Medizin weiß man bei einem neuen Wirkstoff nie, wie er sich mit anderen Wirkstoffen verträgt. Außerdem kann es unzählige Nebenwirkungen geben. Die Tests dauern daher sehr lange, mitunter viele Jahre. Dieses Problem will man mit künstlicher Intelligenz lösen. Sie soll quasi über Nacht die benötigten Ergebnisse liefern. Auch Impfstoffe ließen sich dann sehr schnell entwickeln.“
„Finden diese Tests denn noch mit Tierversuchen statt?“, fragte Tom.

In Zukunft kann KI dabei helfen, dass Impfstoffe ganz speziell passend für den einzelnen Patienten entwickelt werden.

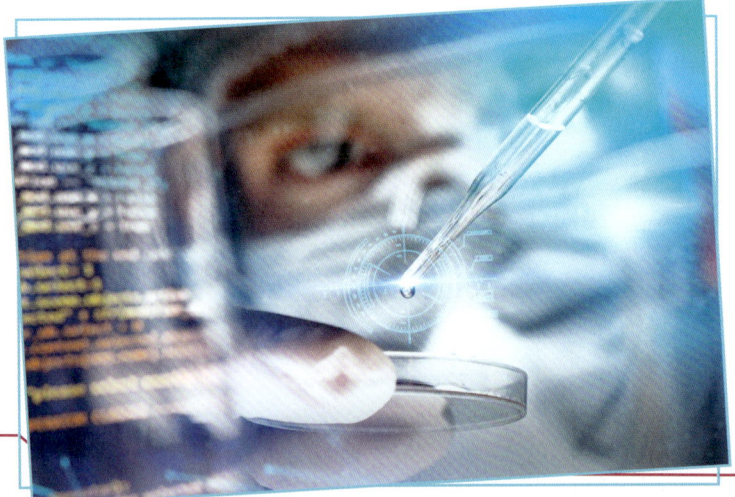

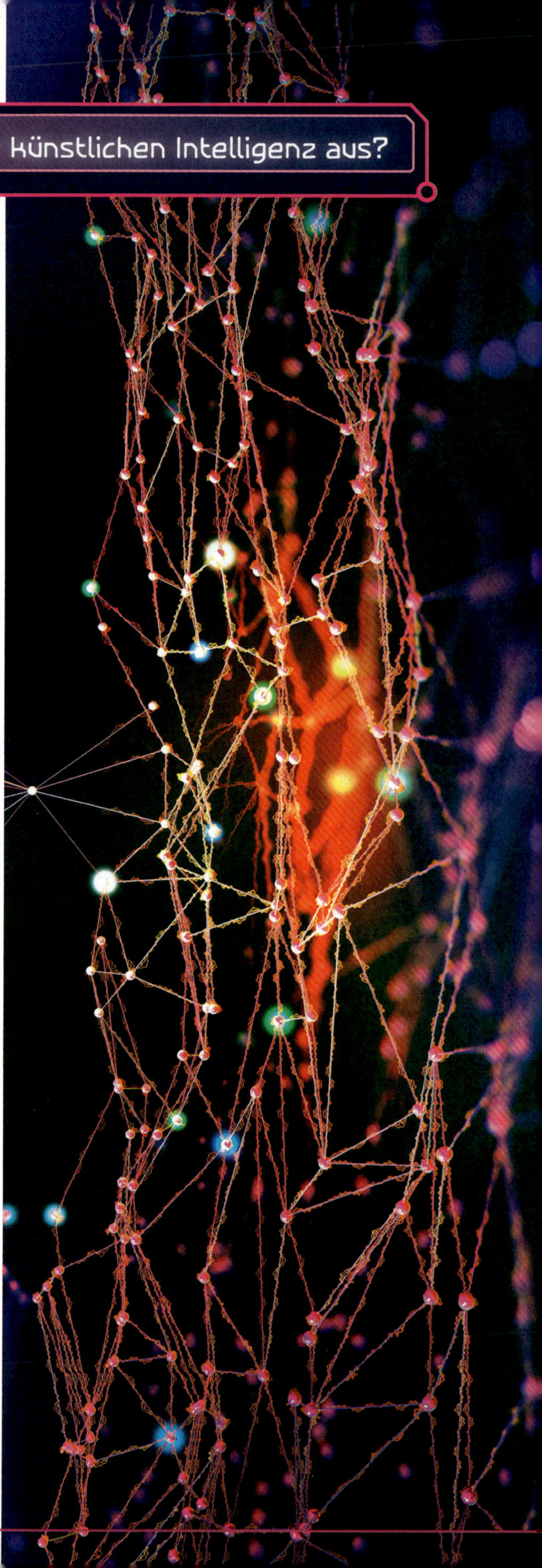

„Nein, denn dank künstlicher Intelligenz könnten immer mehr Medikamententests von Computern erledigt werden. Sie könnten die Tiere simulieren. Um andere Tiere geht es bei Forschungsrobotern. Sie können selbsttätig die Tiefsee erforschen oder Plastik aus dem Meer fischen, da sie ihn von kleinen Krebsen und anderen Tieren unterscheiden können."

„Was ist mit der Robotik?", fragte Tom.

„Dank der künstlichen Intelligenz werden Roboter nach und nach zu ganz normalen Assistenten des Menschen", erklärte der Lehrer. „Heute sind sie noch die Ausnahme, in Zukunft treffen wir sie in vielen Firmen und in vielen Haushalten. Es wiederholt sich die Geschichte, die wir vom Computer kennen. Die ersten Computer waren unerschwinglich und kaum jemand konnte sich vorstellen, selbst einen Computer zu besitzen. Doch sie wurden mit der Zeit immer preiswerter und kleiner, bis sich schließlich tatsächlich jeder einen kaufen konnte. Das wird auch mit dem Roboter passieren."

„Eine ökologische Landwirtschaft, betrieben von Robotern", meinte Stella. „Wie bei uns an Bord."

Vielleicht wird es in der Zukunft sich selbst steuernde Fabriken geben, die fast ohne Menschen auskommen?

Plutinchen-Wissen!

Roboter können unsere Landwirtschaft revolutionieren. Agrarmaschinen und Ernteroboter können Felder bewirtschaften und erkennen, wann ein Salat oder ein Kohlkopf erntereif ist. Sie können Felder anlegen, auf denen verschiedene Pflanzen wachsen, da sie sie unterscheiden können. Und Schädlinge können sie ohne den Einsatz von Chemie bekämpfen, etwa mit Laser.

„So ist es", sagte der Lehrer. „Und damit ist der Unterricht für heute beendet. Ihr könnt euren Space Tea trinken!"

„Und genau das machen wir auch!", freute sich Tom.

GREIFARM

Noch ist es sehr schwierig, langsam und vor allem teuer, Erdbeeren von Robotern ernten zu lassen. Aber in Zukunft klappt das vielleicht schon viel besser.

juhuuu, geschafft!

Glossar

Damit du so schlau wirst wie ich, hier noch einige wichtige Wörter leicht erklärt!

Algorithmus: Genaue Anweisung, wie eine Aufgabe zu erledigen oder ein Problem zu lösen ist. Algorithmen lassen sich in Computerprogramme einbauen, aber auch ein Kochrezept ist streng genommen schon ein Algorithmus.

Automat: Maschine, die selbstständig eine Arbeit erledigt, sobald sie den Auftrag dazu erhält. Automaten aus dem 18. Jahrhundert waren die Vorläufer der Roboter. Sie wurden von Uhrmachern gebaut und funktionierten mechanisch, also ohne Strom.

Autonome Autos: Selbstfahrende Autos, die mit künstlicher Intelligenz ausgestattet sind. Sie achten mithilfe von Sensoren auf den Verkehr und fahren von ganz allein. Zudem tauschen sie Informationen mit anderen Autos aus, etwa über Staus.

Binäres System: Zahlensystem, das aus zwei Zahlen besteht: 0 und 1. Erfunden wurde es von dem Mathematiker und Gelehrten Gottfried Wilhelm Leibniz im 17. Jahrhundert. Er nutzte es, um eine Rechenmaschine zu entwickeln. Noch heute rechnen moderne Computer mit dem binären System.

Coboting: Bezeichnung dafür, dass Mensch und Roboter ein Team bilden. Sie arbeiten eng zusammen und ergänzen sich.

Dartmouth Conference: Tagung in den USA, an der 1956 kluge Köpfe aus Mathematik und Informatik wie John McCarthy, Marvin Minsky und Claude Shannon teilnahmen. Sie setzten sich zum Ziel, Maschinen mit Intelligenz auszustatten. Das menschliche Gehirn sollte nachgebaut und sogar übertroffen werden.

Deep Learning: Lernvorgang in einem künstlichen neuronalen Netz.

ENIAC: Einer der ersten Computer und der erste rein elektronische Rechner. Er wurde 1946 in den USA entwickelt.

Enigma: Maschine zur komplizierten Verschlüsselung von Nachrichten, die Deutschland im Zweiten Weltkrieg benutzte. Der britische Mathematiker Alan Turing schaffte es jedoch, eine Rechenmaschine zu bauen, die den Code der Enigma knacken konnte.

Internet of Things: Vernetzung von Geräten durch den Austausch von Daten, zum Beispiel in einem Smart Home.

Künstliche Intelligenz (KI): Der menschlichen Intelligenz nachempfundene Intelligenz von Computern und Robotern. Sie kann schwierige Aufgaben lösen, eigene Entscheidungen treffen und ist lernfähig. Der Begriff entstand 1956 auf der Dartmouth Conference.

Künstliches neuronales Netz: Vereinfachtes Modell der Nervenzellen im menschlichen Gehirn. Die künstlichen Neuronen sind in mehreren Schichten angeordnet und miteinander vernetzt. Ziel ist es, das System mithilfe von Beispielen und Informationen lernfähig zu machen.

Lochkarte: Karte aus Holz oder Karton, die an bestimmten Stellen Löcher aufweist und durch eine Maschine wandert. Über die gelochten Stellen werden dabei Befehle übertragen.

Neuronen: Nervenzellen im menschlichen Gehirn. Sie sind unglaublich zahlreich und kommunizieren über elektrische Signale miteinander. Auch die Bestandteile eines künstlichen neuronalen Netzes heißen Neuronen.

Rechenmaschine: Maschine, die automatisch rechnet. Die erste wurde 1623 von dem Astronomen Wilhelm Schickard gebaut.

Robotergesetze: Regeln für das Verhalten von Robotern gegenüber Menschen. Der Science-Fiction-Autor Isaac Asimov stellte sie 1942 in einer Geschichte auf. Die Robotergesetze haben aber auch Wissenschaftler beeinflusst.

Smart Grid: Intelligentes Stromnetz. Es stellt Energie für Maschinen bereit, wenn viel davon vorhanden ist, etwa bei starkem Wind.

Smart Home: Intelligentes und von Computern gesteuertes Haus, in dem Roboter eingesetzt werden.

Smart Speaker: Kleine Lautsprecherbox, die durch künstliche Intelligenz in der Lage ist, die Aussagen und Befehle eines Menschen zu verstehen und darauf zu antworten.

Z3: Erster funktionsfähiger Digitalrechner weltweit und damit einer der ersten Computer. Konrad Zuse baute den elektromechanischen Rechner 1941.

Bildquellennachweis:
Archiv Tessloff: 9ml (Hephaistos); **Bosch:** 58or; **Getty:** 30um (Zuse: Photo12/ Universal Images Group), 30-31o (Francis Miller), 40ol (Frankiermaschine: Gamma Keystone-France/Kontributor), 40ol (Schildkrötenartiger Roboter: Larry Burrows/ Life Picture Collection), 46u (VW Pics/Kontributor/Universal Images Group), 47o (Bettmann/Kontributor); **NASA:** 5or (JPL), 50ul (JPL), 5our (JPL), 52ul (Vulkan: PD), 52ur (Sandsturm: Laura Dauphin); **picture alliance:** 4ol (Fabio Frustaci / Eidon/MAXPPP), 9mr (Aristoteles: imageBROKER | BAO), 11mr (Mechanismus von Antikythera: Associated Press/ THANASSIS STAVRAKIS), 13ml (Roboter: ZB/ Jens Büttner), 13mr (Zeichnung Auto: TopFoto), 13o (Fabio Frustaci / Eidon/MAXPPP), 14ul (Flötenspieler: Mary Evans Picture Library), 16or (Schickard: Fine Art Images/Heritage Images), 17mm (Rechenmaschine: dpa/ Jochen Lübke), 21ul (Disketten: dpa Themendienst/ Andrea Warnecke), 22ul (dpa/ CTK), 23o (Prag: akg-images), 24ur (Fritz Lang: dpa/ Heinz-Juergen Goettert), 32ul (Nate D. Sanders Auctions/ Cover Images), 32or (newscom/ JIM RUYMEN), 33ur (Portrait: CPA Media Co. Ltd), 56ur (Paro: REUTERS/ KIM KYUNG-HOON), 59ul (Robotemi: NurPhoto/ Joan Cros), 63ul (Roboter: yo6/ Zuma Press); **Schmeling, Michael (www.aridocean.com):** 11 (Karte Griechenland); **Shutterstock:** 5mr (Ärztin: Gorodenkoff), 5ur (alice-photo), 9 (Hg. Netzpunkte: Olga Tsyvinska), 14Hg. (Artistdesign29), 16ml (Christos Georghiou), 16-17Hg. (Papier mit Formeln: Marina Sun), 19 (Hg. Zahlenreihe (0/1): Valery Brozhinsky), 20o (Gehirn: Tavarius), 21ur (USB: Gunnar Pippel), 21um (CD: Dimedrol68), 22-23 (Hg. Vorhang: antpkr), 24-25 (Hg. Netzpunkte: Olga Tsyvinska), 24u

(Filmstreifen: u3d), 26-27Hg. (vs148), 28o (Hintergrd. Sternenhimmel: EpicStockMedia), 34-35u (Hintergrd. Gehirn: Lauren T), 36-37o (Nervenzellen: Billion Photos), 37um (Platine: Juan David Ferrando), 38u (lenetstan), 39ol (HQuality), 39or (Gorodenkoff), 41o (Schweissroboter: ParabolStudio), 41u (Roboterarme: FeelGoodLuck), 42o (Hintergrd. Sternenhimmel: EpicStockMedia), 47u (Schreibblock: Alexxndr), 48-49 (Hintergrd. Neuronen: whitehoune), 48 (Icons Sinne: Sudowoodo), 49ur (Gesichtserkennung: Andrey_Popov), 51ur (Innenansicht Auto: Chesky), 51or (posteriori), 51mr (Frau mit Buch: metamorworks), 51or (Autobahn: Zapp2Photo), 53ol (Tablet: nito), 54um (panuwat phimpha), 55 (Smart Speaker: Andrey Suslov), 56or (PaO_STUDIO), 56-57 (Hintergrd. Netzpunkte blau: Yurchanka Siarhei), 57or (Kochen: PaO_STUDIO), 57mr (Roboter mit Salat: Zapp2Photo), 58u (Haus: Andrey Suslov), 59or (Miriam Doerr Martin Frommherz), 59um (Andrey_Popov), 60-61 (Hg. Netzpunkte: Olga Tsyvinska), 60o (Ärztin: Gorodenkoff), 60or (Röntgenbild: Atthapon Raksthaput), 61or (Gorodenkoff), 61um (Roboter Closeup: Motionblur Studios), 61ol (Arzt: Zapp2Photo), 62ol (zhu difeng), 63Hg. (Hintergrd. Neuronales Netz: Flash Movie), 63mr (Klavier: THINK A), 64-65 (Hintergrd. Netzpunkte blau: Yurchanka Siarhei), 64o (alice-photo), 65or (Grafik Drohne: sibsky2016), 65or (Drohne: Ivan Cholakov), 65u (Zapp2Photo), 66ul (HQuality), 66mr (Neuronen: Yurchanka Siarhei), 67or (PopTika), 67ul (Greifarm: Zapp2Photo); **Swatch Group:** 15um; **Wellcome Collection:** 12or (E. Desmaisons after a print/CC BY 4.0); **Wikipedia:** 4ml (CC BY-SA 3.0/ Herbert Klaeren), 4ul (CC BY 2.5/ Messybeast), 11mr (Wracksuche: PD), 12ul (PD), 14or (PD), 14um

(Portrait: PD), 15ol (Portrait: PD), 16ur (CC BY-SA 3.0/ Herbert Klaeren), 17mr (Portrai: PD/ Herzog Anton Ulrich Museum), 17ml (Sprossenrad: PD), 20ur (CC-BY-4.0/ Wellcome Collection), 21om (Jacquard: PD), 21ol (Webstuhl: CC BY-SA 3.0/ David Monniaux/ Musée des Arts et Métiers), 22ur (PD), 22ur (PD), 24um (Filmplakat: PD/ Boris Bilinski (1927)), 25l (PD/ Westinghouse Electric Company/ Daderot), 26or, 27ur (Marvin Minsky: CC BY-SA 3.0/Sethwoodworth), 31om (Z3: CC BY-SA 3.0: Deutsches Museum), 33ul (Bletchley Park: PD/Matt Crypto), 33or (CC BY 2.5/ Messybeast), 35om (Portrait: CC-BY-SA-2.0/ nullo), 45ur (Plakat: PD/ Loew's International), 53or (Satelliten: NASA/ PD)

Umschlagfotos: Shutterstock: U1 (Roboter: Phonlamai Photo), U1Hg. (Hintergrd. Gehirn: Lauren T), U4 (ktsdesign),

Copyright © 2020 TESSLOFF VERLAG,
Burgschmietstraße 2–4, 90419 Nürnberg

www.tessloff.com

Die Verbreitung dieses Buches oder von Teilen daraus durch Film, Funk oder Fernsehen, der Nachdruck, die fotomechanische Wiedergabe sowie die Einspeicherung in elektronische Systeme sind nur mit Genehmigung des Tessloff Verlages gestattet.

ISBN 978-3-7886-4114-6

Die Kreativ-Crew rund um den kleinen Major Tom

© Kurt Fuchs

Bernd Flessner ...

... ist 1957 in Göttingen geboren, studierte Theater- und Medienwissenschaft, Germanistik und Neuere Geschichte in Erlangen. Promotion 1991 über die Zukunftsentwürfe von Arno Schmidt und Stanislaw Lem bei Theo Elm. Er arbeitet als Zukunftsforscher am Zentralinstitut für Wissenschaftsreflexion und Schlüsselqualifikationen (ZiWiS) der Friedrich-Alexander-Universität Erlangen-Nürnberg. Außerdem schreibt er für verschiedene Verlage wissenschaftliche Bücher, aber auch Romane und Kinder- und Jugendliteratur. Für den Tessloff Verlag hat er mehrere WAS IST WAS-Bände verfasst.

© Stefan Lohr

Stefan Lohr ...

... hat am 5.5.1972 Geburtstag. Er wurde in Leutkirch geboren und lebt heute in Ravensburg. Seine Lieblingsfarbe ist Blau. Und am liebsten illustriert er Bücher für Kinder. Wenn er Zeit hat, dann fährt er gern Achterbahn. Am liebsten mit Doppellooping. Sein größter Wunsch wäre es, einmal mit Major Toms Space Racer ein paar Loopings im Weltall zu drehen.

© MajorTon Entertainment KG

Peter Schilling

Wer kennt nicht „Major Tom (völlig losgelöst)" und hat dazu schon mal ordentlich abgetanzt? Der Sänger und Songschreiber Peter Schilling, von dem dieser und noch viele andere Songs stammen, hatte die geniale Idee, die Geschichte aus dem weltbekannten Lied weiterzuerzählen – und zwar als Geschichte für Kinder. Er ist, wie er sagt, im Herzen ein Kind geblieben und hat so die Idee zum kleinen Major Tom, Stella und Plutinchen gehabt. Und weil er den Autor und Weltraumfan Bernd Flessner kennengelernt hat, sind daraus Geschichten entstanden. Peter Schilling möchte gerne, dass Kinder die Möglichkeit bekommen, so viel wie möglich über unsere Welt und das Universum zu erfahren. Deshalb tauscht er sich gerne vor seinen Konzerten mit Kindern über das spannende Thema Weltraum aus.

Bisher erschienen:

Bd. 1: Space School:
Abenteuer Raumfahrt
ISBN 978-3-7886-4113-9

Buchreihe:

Bd. 1: Völlig losgelöst
ISBN 978-3-7886-4001-9

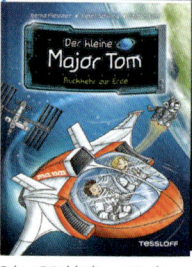

Bd. 2: Rückkehr zur Erde
ISBN 978-3-7886-4002-6

Bd. 3: Die Mondmission
ISBN 978-3-7886-4003-3

Bd. 4: Kometengefahr
ISBN 978-3-7886-4004-0

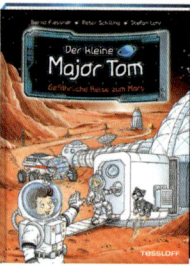

Bd. 5: Gefährliche
Reise zum Mars
ISBN 978-3-7886-4005-7

Bd. 6: Abenteuer auf
dem Mars
ISBN 978-3-7886-4006-4

Bd. 7: Außer Kontrolle!
ISBN 978-3-7886-4007-1

Bd. 8: Verloren im Regenwald
ISBN 978-3-7886-4008-8

Bd. 9: Im Bann des Jupiters
ISBN 978-3-7886-4009-5

Bd. 10: Im Sog des Schwarzen
Lochs
ISBN 978-3-7886-4010-1

Bd. 11: Wer rettet Ming und Hu?
ISBN 978-3-7886-4011-8

Bd. 12: Plutinchen in Gefahr
ISBN 978-3-7886-4012-5

„Das Universum ist groß, die Erde unser Zuhause."

Peter Schilling